関裕二
古代史の謎
コレクション
4

ヤマトは荒人神《あらひとがみ》の国だった

完全制覇古代大和朝廷の謎

関 裕二

poplar

はじめに

歴史は明確な指針を失った現代人にとって、先祖の残した貴重な経験であり、教訓でもある。ところが、残念なことに、往々にして歴史には謎《なぞ》がつきまとう。ほとんどの場合、勝者や権力者らの手で多くの真実が闇《やみ》に葬《ほうむ》られてしまったからにほかならない。

たとえば、日本の誕生、ヤマト（大和）建国という日本民族の根本がいまだに明確になっていないのは、ひとえに正史『日本書紀』の曖昧《あいまい》な記述に負うところが大きい。初代神武《じんむ》天皇が九州からヤマトに移り日本を統一したのは、いまから二千年以上も前、紀元前のこととしているが、考古学的にみても、これはありえないことだからだ。

日本人はどこから来て、そして、日本はどのように誕生したのか、『日本書紀』は真相をすべて闇に葬ってしまった疑いが強いのである。

このように、歴史のはじまりがあやふやであるということは、古代だけではなく、中世、近世、近代、そして現代にいたる通史に混乱を招くきっかけとなっているといっても過言ではあるまい。

天皇とはいったい何者なのか、いまだに議論が尽きないのは、最も典型的な例といえるだろう。国民の象徴として祀り上げる王家の正体を国民が知らないのは、一種のブラックユーモアと見ることも可能なのだ。

それでは、どうすれば日本人の起源、ヤマト建国の真相を解き明かすことができるのであろうか。一つの方法に、考古学と正史の隙間《すきま》を埋めるという手がある。考古学的にいえば、少なくともヤマト誕生の時期が、ほぼ確定できるようになったことは、大きな収穫である。

それは三世紀半ばから後半にかけてのことで、このとき、近畿地方を中心に、巨大な前方後円墳が登場し、この埋葬文化が、四世紀には東北北部を除く全国にいっせいに広まっていったことが明らかになった。この結果、百いくつもの首長国に分かれて覇《は》を競《きそ》っていた日本列島は、ヤマトに生まれた王権、ヤマトの宗教観で統一されたことが実証されているのである。

さらに、ヤマト朝廷発祥《はっしょう》の地、三輪《みわ》山の山麓《さんろく》にある最古級の前方後円墳で、女性が埋葬されたと伝えられる箸墓《はしはか》が、三世紀半ばごろの造営ではないかとする説も飛び出し、この墓こそ、『魏《ぎ》志《し》』倭人伝《わじんでん》に登場する倭国《わこく》の女王・卑弥呼《ひみこ》のものであった疑いも出てきた。

そして、卑弥呼とヤマトに巨大な権力が発生する時代がほぼ同時であれば、ヤマト朝廷の始祖が卑弥呼であってもなんの不都合もなくなってくるのである。

これを裏づけるかのように、多量の銅鏡（三角縁神獣鏡《さんかくぶちしんじゅうきょう》）が畿内《きない》を中心とする古墳から出土している。これこそ卑弥呼が魏から賜《たま》わった銅鏡であろうと、マスコミが大々的に報道するようにさえなった。まるで、卑弥呼の邪馬台国《やまたいこく》は、畿内説で決着したかのような勢いである。

しかし、だからといって、結論を急ぐのは時期尚早《しょうそう》であろう。邪馬台国からヤマト建国へとつづく道のりには、まだまだ説明のつかない難問が山積みされているからである。

たとえば、卑弥呼が手にした鏡は百枚であったはずなのに、なぜ五百枚近い銅鏡が出てきてしまったのか、魏にはありえない年号が刻まれた鏡が出土したのはなぜか。三角縁神獣鏡が中国本土で一枚も出ていないのはどういう理由からなのか、等々。

そして、なんといっても首をかしげざるをえないのは、卑弥呼が百余国に分かれていた倭国を束《たば》ねるために共立され、ヤマトの王になったのなら、その末裔《まつえい》（？）天皇家は、なぜ『日本書紀』のなかで、卑弥呼を王朝の始祖として認めようとはしなかったのか、ということである。

ヤマトや邪馬台国をめぐる問題は、この例をもってしても、一筋縄《ひとすじなわ》にはいかないことがおわかりいただけると思う。

それでは、邪馬台国とヤマト建国の真相は、永遠に謎のまま解き明かされることはないのであろうか。

かすかな希望は残されているように思われる。縄文《じょうもん》—弥生《やよい》—古墳時代と続く日本列島の一連の流れの中に、ヒントは隠されているはずなのだ。

残念なことに、これまでのヤマト建国をめぐる論議は、きわめて単発的な史料を根拠に語られてきたように思えてならない。歴史はつながっていたはずなのに、縄文—弥生という流れは、たんに考古学の標本として扱われるのみで、その学問的成果はヤマト建国をめぐる議論に完全に生かされているとはいいがたい。

たとえば、〝ヤマト建国〟以前、関東地方はいまだ縄文的な文化を色濃く残し、容易に弥生文化を受け入れようとはしない地域であった。ところが、ヤマトに王権らしきものが生まれる前後、なぜか西国から大量の移民が流入し、西側の文化を受容し、さらには、前方後円墳を造営する地域に変貌していくのである。

なぜ関東地方は、なんの混乱もなく、突発的に縄文から一気に、〝ヤマト〟を選んだのであろうか。邪馬台国論争ばかりに目を奪われ、ヤマト誕生をめぐるもう一つの大きな謎をわれわれは見落としていたのではあるまいか。そして、その答えは、縄文時代からつづく列島の歴史のなかに隠されているはずなのである。

本書は、一万数千年前に日本列島に土器の文明を築いた縄文人や、日本に稲作文化の花開いた弥生時代から、いかに〝ヤマト〟が生み出されていったのか、近年急速に注目を集めつつある考古学上の発見と文献史料をまぜ合わせ、いままでになかった推論を得ようとするものである。

そして導き出された答えは、筆者にとっても意外なものであった。すなわち祟《たた》る荒人神《あらひとがみ》（現人神）＝天皇こそ、古代史の謎を解く最大のヒントだったのである。

われわれが根なし草にならないためにも、歴史は重要な意味を持ちつつある。これといった確たる宗教をもたず、これまでの常識がことごとく崩れ去ろうとするいま、あらためてアイデンティティーのありかを確認できればと、願ってやまない。

二〇〇八年　九月

関　裕二

ヤマトは荒人神《あらひとがみ》の国だった　目次

第2章

邪馬台国はどこだ

第3章 ヤマトの王は祟る日本海 107

邪馬台国というカラクリ
なぜ初代王がみな「祟る神」とかかわりをもつのか
崇神天皇とニギハヤヒを重ねるとヤマト建国の真相が見えてくる
天皇家は出雲出身だった？
なぜ天皇は弱いのに恐ろしいのか

第4章 銅鐸の正体とヤマト建国の真相

出雲を建国したのは渡来人なのか
ヤマト建国に果たした東国の役割
東国と出雲の意外なつながり
群馬も東京も埼玉も三輪（出雲）とつながる
西側の豪族を煙たく思っていた東国
改革派大王の登場と関東の発展
銅鐸は渡来系の祭器なのか
日本列島で独自に発達した巨大銅鐸
銅鐸をめぐる謎
なぜ銅鐸は抹殺されたのか
藤森栄一氏の銅鐸論

カバー写真――「土偶」
東京国立博物館所蔵
Image:TNM Image Archives
Source:http://TnmArchives.jp/
[複製禁止]
装　丁――神長文夫 ＋ 吉田優子
本文レイアウト――ウエル・プランニング
本文写真――関裕二 ＋ 梅澤恵美子

第1章

縄文人とヤマト

日本人の特性と縄文人のつながり

日本人の特性の一つに、新しい文化・文明に適応する能力の高さをあげることができる。悪くいえば、サル真似《まね》、よくいえば、柔軟で融通《ゆうずう》がきく、ということになろうか。近くは、明治時代の西欧文明の受け入れ、戦後社会のアメリカナイズと工業立国による先進国への仲間入りは、だれもが知るところである。

そして、歴史を振り返れば、軽く中世までさかのぼりその例を引くことができる。たとえば、種子島《たねがしま》に伝来した鉄砲の技術を瞬《また》く間に吸収し、本場物より精度の高い代物《しろもの》を完成させてしまったことはつとに名高い。

では、これらの現象はなぜ起きたのだろう。

日本人の勤勉さ？　それとも文化の成熟度の高さが成せるわざだったのであろうか。興味深いのは、このような日本人の資質が、じつのところ、想像以上に古くから培《つちか》われていた可能性が高いことである。それが、ヤマト朝廷の誕生なのである。というのも、農耕文化の導入から王権誕生までの時間の経過が、世界史の常識を逸脱《いつだつ》するほど短期間であって、これも、日本人特有の〝のみこみ〟の早さからきたと思われるのである。

日本では、約一万数千年前、世界で最も早い段階で土器をつくり出し、高度な文化を築き上げていた。これがいわゆる縄文《じょうもん》時代なのだが、なぜか彼ら縄文人は、その後一万年という気の遠くなるほどの間、狩猟《しゅりょう》・採集生活をつづけたのであった（ただし、焼畑などの農耕がまったくなかったわけではない）。

変化が起きたのは、紀元前五世紀ごろのことであった（炭素14年代法によってさらに年代がさかのぼる可能性はあるが）。

半島や大陸から新たな文化が伝わり、列島は徐々に稲作社会へと移行する。そして、それから数百年後、ヤマトの地を中心に、巨大古墳文化が勃興《ぼっこう》した。これがヤマト朝廷の誕生と考えられているのは、〝円〟と〝方〟という二つの図形を組み合わせた前方後円墳が、ヤマトだけではなく、九州から東北南部に至る広い地域で斉一《せいいつ》的に広まっていったためで、ここに、日本で最初の王権が生まれたとされているのである。

世界史を見渡すと、狩猟・採集生活から農耕生活に移って強力な王権が誕生するまで、数千年の歳月が必要とされる。ところが日本では、きわめて例外的に、わずか十分の一で、それをなし遂げてしまったことになる。

もっとも、これを先進文明を携《たずさ》えた渡来人のしわざとみなすこともできる。日本列島に大量の渡来人が海を渡って来たと考えられるようになり、征服王朝論が盛んになったからである。

しかし、一概にそうともいいきれないのは、日本列島で一万年の歴史を刻みつづけた縄文人が、他の世界史の狩猟民族とは比較にならないほど、生活が充実し、高度な文明と文化をもっていたからなのである。

つまり、この縄文人たちには、新たな潮流に適応するだけの力がすでに備わっており、「野蛮《やばん》人を駆逐する征服者」という単純な図式だけをもってして、縄文―弥生―ヤマトという流れを説明しようとすると、いくつもの疑問にぶつからざるをえないのである。

たしかに、弥生時代、大陸的で半島的な文化が一気に花開き、列島人の体格にも変化が起き、人口もふえた。

しかし、近代明治維新に際し、ちょんまげが消え、着物が減り、人々が靴を履《は》くようになった現象や、また戦後日本人の体格が激変したのと、まったく同じことが古代の日本で起きていた可能性も否定しようがなく、事実、紀元前五世紀、土着の縄文人たちが、率先して弥生稲作文化を受け入れる主役となったのではないか、と考えられるようになってきているのである。

縄文人は滅びていない？

そこで、日本人とは何なのか、なぜヤマト朝廷が常識を逸脱したかたちで生まれたのかを知るためにも、縄文人とはいったい何者だったのか、まずその正体を探っておかなくてはならない。

かつて縄文人といえば、先進文明を携えた渡来人に追いやられ、東北や北海道で細々と暮らすようになったという印象が強かった。

さらには、江上波夫氏の騎馬民族征服王朝説など、大陸勢力の侵略説が流行するにつれ、縄文人の存在は薄くなる一方であった。

しかしその一方で、近年、三内丸山《さんないまるやま》遺跡の発見などによって、想像をはるかに上回る高度な縄文文明の正体が明らかにされつつある。

そもそも、今から一万数千年前、新石器文明（石をたたいて道具をつくる旧石器文明に対し、石を磨《みが》く技術を有する文明）の開始とともに、世界で最も早い段階でセラミック＝土器をつくったのが縄文人であったのだ。それにもかかわらず、この世界的な文明が、農耕社会に移らなかったために、縄文の一万年は偉大なる停滞の時代と考えられてきたのである。

ところが、狩猟＝野蛮、農耕＝先進という単純なくくり方では、縄文を説明できなくなりつつある。

たとえば、三内丸山遺跡の規模は、弥生時代の吉野ヶ里《よしのがり》遺跡となんら見劣りしないばかりか、高さ一〇〜一五メートルの大型掘立《ほったて》柱建物跡、ゴミ捨て場、水洗トイレと、施設の充実ぶりは目を見張るものがある。ちなみに、吉野ヶ里遺跡がいまから二千年ほど前のもので、三内丸山遺跡は、五千五百年前から三千年前ごろの遺跡なのである。

この狩猟民族としては異常に発達した社会が、縄文晩期、原因不明の人口減によって没落するのだが、それにしても、彼らの文明と文化が、まったく跡形もなく消え去ることがありうるのであろうか。

武器の優劣があったので渡来人が縄文人を駆逐したか、あるいは無菌《むきん》状態の日本列島に渡来人が新たな細菌やウイルスを持ち込んだからと考えることもできる。しかし、武器という点に関していえば、縄文人の石鏃《せきぞく》は、ときに、金属製より貫通力をもっていたというし、九世紀、東北蝦夷《えみし》たちは、数倍、数十倍の朝廷軍をさんざん苦しめ、東北の地を守り抜いている。東北の敗北を決定的にしたのは武力というよりも、朝廷の執拗《しつよう》な懐柔政策と謀略によるところが大きいのである。

これから推して、縄文人が渡来人の登場によって日本列島から追いやられたと単純に片づけるわけにはいかなくなるのではあるまいか。

あなたは縄文人？　それとも弥生人？

そもそも現代日本人が縄文人を祖とし、渡来人の血を混えて小進化したものとする説は、通説も認めていたことなのである。たとえば、後期旧石器時代（縄文時代の直前に当たる）から現代にいたる各時代人の頭骨の形態位置を比較し、グラフに示すと、縄文人、歴史時代人、現代人の位置が、ほぼ年代順に一直線上に並んでくるとされている（佐々木高明『日本の歴史　日本史誕生』集英社）。

ただ、そうはいっても、日本人のほとんどが、弥生時代に流入した渡来人の末裔《まつえい》ではないかとする説もあり、仮にそうでなくとも、江上波夫氏の唱《とな》えた騎馬民族征服王朝説のように、先進文明を携えた人々の群れが日本を征服・支配したとする説が大いに受け入れられているため、日本人の起源をそうやすやすと断定してしまうわけにもゆくまい。

そこで、縄文人とはいかなるものか、もう少し追ってみよう。

縄文時代末ごろから弥生時代にかけて北部九州に上陸した渡来人は、在来の人々と混血を重ね、水田稲作文化とともに、東へ向けて移動して行った。

この結果、日本には、西から東に向かって、なだらかな人種差の地理的勾配《こうばい》が存在することが判明している。それは、特定の肝炎《かんえん》などのウイルスの感染率や、耳垢《みみあか》が乾いているか、湿っているか、血液型のA遺伝子の分布頻度《ひんど》などを科学的に調査する過程で明らかになったことであった。そして、大まかにいうと、西日本が渡来人的で、東日本を奥に進むほど、縄文人的体質をもっていたのである。

ちなみに、縄文人は古モンゴロイド（モンゴロイドは黄色人種の総称）、渡来人は新モンゴロイドといわれているが、もとをたどれば、両者の起源は同じモンゴロイドである。

その特徴は、目が大きく二重まぶたで、鼻や口が大きく、また、体毛が濃く手足が長い。太古このモンゴロイドが日本列島にやって来て棲《す》み着き、これが縄文人の祖となった。日本の温暖な気候に恵まれ、彼らは劇的な身体的変化を起こすことはなかった。

一方、新モンゴロイドは、いまから二〜三万年前のヴェルム氷期の最盛期に東シベリアに展開した人々だ。この地の異常ともいえる寒さに順応することを迫られたモンゴロイドは、体温を外に逃がさないように小進化を繰り返し、結果、胴が長く、手足が縮まり、凍傷《とうしょう》を防ぐために顔は扁平《へんぺい》に、目を守るために細く一重まぶたになったと考えられている。

この新モンゴロイドが、しだいに南下し、ついには、稲作技術を身につけて、日本に渡って来たということになる。

現代人でも体毛が濃く二重まぶたの人は縄文的な遺伝を引き継ぎ、逆に体毛が薄く一重まぶたの人々が弥生的といわれるのはこのためである。

さて、あなたは弥生人的であろうか。それとも縄文人的であろうか。

日本人の起源

このように、西日本に渡来人的体質がより強く残り、逆に東日本では縄文人的体質が強く残って人種差の地理的勾配《こうばい》ができたとしたら、どれくらいの人々が海の向こうからやって来たのかが問題となってくる。

これを明確な数字で表わしたのが、埴原《はにはら》和郎氏であった。埴原氏は、まず、縄文時代から古墳時代にいたる遺跡の数から割り出される各時代の人口推計をもとに、世界の標準的な農耕民族の人口増加率を当てはめ、縄文人系の集団にどれほどの渡来人が加われば、七世紀の列島の人口、五百四十万人に達するかを試算したのである。

その結果、縄文人と渡来人の比率は、最大で一対二十五、最小で一対〇・七という数字がはじき出された。そして、この約一千年の間に、少なくとも数十万から百万人程度の渡来人がやって来たというのである。この計算が合っていれば、平均して年に数百万人、多いときで千人単位の人々がやって来て、土着の縄文人と混血を重ねていったことになる。

この埴原氏の机上《きじょう》の計算が、現実の日本列島の移り変わりを正確に映し出しているかどうか、断言はできない。基礎となった縄文時代の人口の推計が、こののちの発掘の進展で大きく変わる可能性が残されていること、縄文人の数が少し変わるだけで、渡来人との比率が大きく動くからである。

そして、縄文時代から弥生時代にかけて、稲作を受け入れつつも縄文的な文化を色濃く残した関東や中部地方で、爆発的な人口増加をみせていることはほぼ間違いなく、これをすべて渡来人のしわざと考えることはできない。

埴原氏はせいぜい、〇・二パーセントが農耕民族の一般的な人口増加率の最高値であろうとするが、狩猟民族が水田稲作をはじめたときの人口増加率という特殊な場面を想定しているわけではないことも注意しておく必要はあろう。人口増加率が〇・一ポイント上下するだけで、やはり計算値に大きな差が現われるのだから、この渡来人の推計は、あくまで参考程度と考えておいたほうが無難である。

また、『日本書紀』によれば、応神《おうじん》天皇の時代、朝鮮半島南部出身の東漢《やまとのあや》一族が、十七の県《あがた》（今日風にいえば、十七の市町村とでもいうべきか）の人々が大挙して亡命して来たとあり、『続日本紀《しょくにほんぎ》』によれば、奈良時代の飛鳥《あすか》地方には、人口の八～九割近くが半島からの渡来人・漢一族で満ちあふれていたとしている。

このように、五～八世紀の朝鮮半島の動乱と伽耶《かや》・百済《くだら》・高句麗《こうくり》の滅亡によって逃亡者が組織ぐるみで渡来してきた可能性はけっして低くはなく、その数も膨大《ぼうだい》であったと考えられる。

亡命者という点に関して言えば、日本列島が国家としてまとまった古墳時代に入ってからのほうが多かった可能性も残され、平均的に渡来人がやって来たという仮定のもとでの埴原氏の計算には限界があることは確かであろう。

ところで、現代人の体の中を流れる縄文人と渡来人の血は、一対二から一対三の開きがあるとされる。この数字を見ると、大量の渡来人が日本列島に押し寄せてきたという印象を受ける。ところが中橋孝博氏は『日本人の起源』（講談社選書メチエ）の中で、福岡平野における弥生時代初期の人口増加のパターンをシミュレーションし、稲作民族と狩猟民族の人口増加率の差から、少数の稲作民の渡来でも、短い間に渡来系が地域住民の多数を占める可能性があると指摘している。

縄文人は「弥生」を選んでいた

弥生時代から古墳時代にかけて、大陸の戦乱を逃れ、安住の地を求めた人々が、大量に海を渡って来た。彼らの血がわれわれの体内を駆けめぐっていることは間違いない。しかし、だからといって、日本列島の先住民・縄文人が渡来人に圧倒され、駆逐されてしまったかというと、意外にそうでもなかったらしい。じつのところ、考古学者の多くは、土着の縄文人が稲作文化を選びとり、弥生という時代を築いていったと考えているのである。

このことは、考古学的にはっきりわかってきていて、とくに、西日本の縄文人が、自発的に渡来文化を受け入れ、積極的に活動しないかぎり、西日本の稲作技術の普及の速さは、とても説明ができないからである。

そして、西日本の縄文人は、渡来文化のおいしいところ、生活文化だけを受け継ぎ、その一方で、アイデンティティーにかかわる伝統を捨てることなく、かなりしたたかに生きていたようなのである。

たとえば、弥生時代に入り、朝鮮半島南部の「支石墓《しせきぼ》」という埋葬形体が渡来人によってもたらされたが、不思議なことに、この支石墓に埋葬されていた人骨のなかには、背の高い渡来人だけではなく、縄文的な体格で、しかも縄文特有の抜歯の風習がみられる。それだけでなく、これらの弥生時代の遺跡には、縄文人が好んで呪術《じゅじゅつ》に用いた土偶《どぐう》が埋められていたのである。

また、稲作のための農耕具に関していえば、当然大陸系の磨製石器が使われはじめたが、そのなかには、縄文人の用いた石斧《せきふ》などが残った。

このあたりの事情は、西日本の〝弥生化〟の過程を見ても興味深い。

大陸や半島から伝来した多くの文化や技術のなかで、西日本各地に速やかに伝播《でんぱ》したのは水田稲作や石包丁《いしぼうちょう》、それに、米の貯蔵に用いる壺《つぼ》といった農耕に不可欠なもので、それ以外は、北九州の地にとどまったり、仮に伝わっても変形していったとされている。そして、伝統的な土器は捨てられず、土偶も根強く残ったのである。つまり弥生時代、大陸や半島の文化が西日本全域に伝わったことは確かなこととしても、それは当初、きわめて技術的な要素であり、思想的・精神的な〝征服〟はなかったとみるほうが理に叶《かな》っている。

縄文と弥生に断絶はない

泉拓良《いずみたくら》氏は、『考古学　その見方と解釈』（森浩一編　筑摩書房）のなかで、考古学的に見ると、少なくとも縄文から弥生への過渡期には、人間の大量の移動は考えられないという。

新たな食糧生産体系（水田稲作とそれに基づく農業社会）は縄文集団の関与なくしては西日本にすら定着し得なかったものと考える。

とするのである。

また、金関恕《ひろし》氏は、縄文から弥生へのこのような移り変わりを、『弥生文化の成立』（角川選書）のなかで、つぎのような新しいパラダイムで説明している。

（一）稲は、他の畑作物と共に、遅くとも縄紋《じょうもん》時代の後期ごろには伝えられ、おそらくは陸稲として採捕生活者たちの間で永い期間栽培されていた。

（二）水田農耕文化は朝鮮半島南部から伝来したであろうが、そのころ北部九州との間には相当密接な交流があり、縄紋の人々は新しい生活を始めるに当たって、必要な文化要素を選択的に採用した。
（三）日本列島内における水稲農耕文化の広がりも、従来考えられていたような、新移住者による急速な文化移植現象ではなく、むしろ在地の縄紋人が主体的に受容したものである。しかし地域的には、弥生時代Ⅰ期のおわりごろ、コロニー形成現象もみられる。その場合、縄紋人と弥生人の間に一種の住み分け的現象もあったであろう（後略）。
（四）弥生時代以降、日本列島の住民の形質には相当大きな渡来系の人々の影響があるという。弥生時代についていうならば、最初期（先Ⅰ期）ではなく、おそらくそのⅠ期になって、海外からある程度の数の移住者を迎えたものであろう。

このような考古学上の見解は、多くの例からもいえることである。

たとえば、近畿地方の土器の場合、弥生時代初期、前代の縄文的要素は鳴りをひそめたが、しばらく時間を置いて、再び縄文的な文様が現われる。

このような現象は、ヨーロッパで農耕が広まったときもほぼ同様に起きていて、どうやら普遍《ふへん》的な文化変容のパターンであるらしい。

そういえば、高度成長期以降、マクドナルドが日本の街にあふれ返ったが、その後、日本人的な嗜好《しこう》を凝《こ》らしたモスバーガーが登場し成功したのも、あるいは縄文から弥生への移行と同じ歩みなのかもしれない。（これは余談だが）

さらに、弥生時代は青銅器を中心とする金属器の時代でもあるが、その代表的な銅鐸《どうたく》に刻み込まれた独特な文様は、やはり縄文の流れを汲《く》んでいるともいわれ、また、建築技法という点でも、縄文は後世に多大な影響を及ぼしていたらしいこともわかってきている。

富山県小矢部《おやべ》市の桜町遺跡から、縄文時代中期末（約四千年前）の高床《たかゆか》式建物の建築部材が発見され、高度な加工がほどこされていたことがわかった。法隆寺や東大寺といった日本を代表する木造建造物も、縄文時代から継承された木造大型建造物の文化が生かされているとされている。

このように、縄文時代と弥生時代はけっして断絶してはおらず、渡来人が縄文人を駆逐したのではなく、両者の共存、混血によって生み出されたのが弥生文化であった可能性が強くなってきたのである。

そして、弥生時代は、鏡や銅剣、銅矛《ほこ》などの武器・祭具、ガラスの玉や管玉《くだたま》など、非日常的な

縄文人の木の技術が継承されている法隆寺（奈良県生駒郡斑鳩町）

道具を大陸や半島から受け入れ、逆に、住居や石器・土器、水田稲作を除いた狩猟・漁撈《ぎょろう》などの食糧確保の技術といった日常的な生活文化は、縄文文化を継承したとされている。日本語の原型がすでに縄文中期に完成していたとされ、現代人もこの言語を引き継いでいることからも、現代人と縄文人の接点をみいだすことができるのである。

引き継がれる縄文のアイデンティティー

ここであらためて確認しておきたいのは、これらの物質的・技術的要素ではなく、縄文人と弥生人の混血児たちが、どのような精神性、アイデンティティーをもっていたのか、である。

弥生時代、精神的征服はないとすでに述べたが、土着の縄文人が渡来人と混血を重ね融合してゆく過程で、なぜ新たな文化を取り入れながら、精神的な面において土着民としてのアイデンティティーを守ることができたのであろうか。

先述の金関氏は、縄文から弥生への文化変容の過程で、土器に縄文的で土着的な文様が色濃く残っていたのは、より大きな力をもった大陸や半島の文化が土着の文化を圧倒したとしても、〝その後に、主として精神文化の面で一種の土着化現象（リヴァイイタリゼイション）〟が起きていたから、とするのである。

すなわち、いくら生活を便利にし、豊かな暮らしになろうとも、精神面・宗教面において、土着の縄文人の発想は捨てられずに生き残ったということなのである。

とすれば、縄文から弥生へという革命的な文化の変貌《へんぼう》は、縄文人の選択であり、このときの急速な稲作技術の浸透と普及は、一万年の豊かな縄文時代という基盤があったからこそなしえた業《わざ》であったということになろう。

そして、ここで話を振り出しに戻せば、他の文化を鷹揚《おうよう》に受け止め、これをなんのためらいもなく貪欲《どんよく》なまでにみずからの体内へ取り組んでしまう、という日本人の原形を見る思いがするのである。この縄文からつづく日本人の柔軟さのなかに、大量の渡来人が流入しながら滅亡を免《まぬか》れたしたたかさや、潜在的な生命力を見るのである。

アニミズムの名残り・巨大な磐座（新潟県糸魚川市）

では、このような日本人の特性は、どこから生まれたのであろうか。その根本は、やはり縄文人の宗教観にあったように思われる。

縄文人にとって、山や川、路傍《ろぼう》の石、木や草、生きとし生けるもの、すべてが神であった（アニミズム）。この、「物質にも神が宿る」という発想は、〝モノノケ〟といえば化《ば》け物《もの》、幽霊をさすように、〝モノ〟が霊や神と同義語になっていったことからも察しがつく。そして、このような霊と物という神の両義性は、一方で善と悪の両義性をも内包していたのである。

神は人間に恵みをもたらすと同時に、災害や天変地異をもたらす恐ろしい存在でもあった。したがって古代人は、神の祟《たた》りを恐れ、その怒りを鎮める祭りを繰り広げたのである。

このため、モノ＝神は、鬼と同義語となり、後世〝モノ〟といえば鬼そのものをさしていくようになったのである。神は絶対的な存在ではなく、時に鬼になり人を苦しめ、また、そこかしこに出没するのであった。

このようなゆるやかで曖昧《あいまい》な宗教観は、キリスト教などの一神教から見れば、野蛮《やばん》な宗教のように思われがちだが、海流に乗れば、大陸から苦もなく来られる日本列島の住民にとって、この穏やかな宗教観が、かえって幸いしたといえよう。

縄文人にとって、海の外から来る新たな神は、八百万《やおよろず》の神の一柱にすぎず、これを拒《こば》まず取り込んでしまうことができたのであった。したがって、他の文化、文明を吸収する習慣が、知らず知らずのうちに身についていったのかもしれない。

話はそれるが、このことと関連して興味深いのは、ダーウィンの唱えた進化論を、明治時代、日本人が素直に受け止めたことだ。西欧人にとって、少なからず驚きであったらしい。

「人は神の子」と信じていた当時の厳格なクリスチャンにとって、人類が猿から生まれたとする学説に、即座に従うことはできず、侃侃諤諤《かんかんがくがく》の議論が闘わされた経緯《いきさつ》があったからである。

進化論のすべてが正しいかどうかは別問題として、アメリカの保守的な地域では、いまだに進化論そのものを教育の場で教えようともしないという。

このあたりに、どうやら日本人の不可解さは隠されているようだ。他の文化に鷹揚であることの秘密も隠されているように思える。そして、信仰を持っていない日本人が、そのじつ、その深層に強烈なアニミズム的発想をもっている。しかもそれは、縄文時代から一万年もつづいた民族の伝統であったとしか思えないのである。

そして、このような縄文人の柔軟な発想が、弥生を受け入れ、現代の発展を支える原動力になったとしても、なんの不思議もないのである。

とすれば、この〝縄文〟という現象は、〝ヤマト建国〟というもう一つの大変革にも、多大な影響を及ぼしていたとは考えられぬであろうか。

『日本書紀』に残された渡来人と土着民の融合

これまで、ヤマト建国や邪馬台国《やまたいこく》を考えるうえで、〝縄文〟はほとんど無視されていたといっても過言ではない。もちろん、ヤマトも邪馬台国も、弥生時代後期から古墳時代への移行期の話であったから、二つの事例を語るために、縄文は関係がないと思われてもしかたのないことであった。

しかし、『日本書紀』や『魏志』倭人伝のなかには、渡来人と土着勢力との相克《そうこく》や融合《ゆうごう》、あるいは弥生を受け入れた縄文という事実が、そこかしこに暗示めかしく記録されていると思う。縄文はけっして太古の記憶ではなく、生々しい現実として描かれているように思えてならないのである。

たとえばそれは、神武《じんむ》東征説話である。

ヤマトに王権らしきものが三世紀半ば～後半に樹立されたことは、考古学的にほぼ証明されているが、八世紀に編纂《へんさん》された正史『日本書紀』は、それを初代神武天皇の時代のこととしている。

それによれば――皇祖神《こうそしん》天照大神《あまてらすおおみかみ》の孫、天津彦彦火瓊瓊杵尊《あまつひこひこほのににぎのみこと》（以後ニニギ）が雲を押し分け九州日向《ひむか》に天孫降臨して以来、百七十九万二千四百七十余年が過ぎ、皇祖神は世を治めてきた。

しかし、それは〝此《こ》の西の偏《ほとり》〟を統治していたのであって、九州の狭い地域に限定されていたのだという。はるか遠くの地に王化は浸透せず、ついには村々に長《おさ》があって、自分の領域をもち、対立していたと伝えている。ところが、ニニギの曾孫《そうそん》神武が四十五歳になったとき、転機が訪れた。塩土老翁《しおつつのおじ》なる神が、東に青山に囲まれた美しい土地があって、その地が国の中心にふさわしいことを報告したのである。

神武天皇はさっそく行動に移し、〝東を征《う》ちたまふ〟、つまり東征に向かう。途中、河内《かわち》の付近でヤマトの土着の首長・長髄彦《ながすねひこ》の抵抗に遭《あ》い、一度は退却したが、大きく紀伊半島を迂回《うかい》し、熊野から山沿いにヤマトに入り、ここに王朝を開いたという——これが、世に名高い神武東征説話のあらましである。

この神武東征が歴史的事実ではないとする説と、何かしらの史実をもとにつくられた話ではないかとする説があって、いずれかを採ることは非常にむずかしい問題といえ、結論はのちにふれるが、ここで注目しておきたいのは、神武天皇にまつわる人脈のことなのである。

神武天皇が日向の地を発《た》ち、速吸之門《はやすいのと》（豊予《ほうよ》海峡か）を通るとき、一人の漁師が舟に乗って現われ、

「私は、国津神《くにつかみ》で名を珍彦《うづひこ》と申します。天津神《あまつかみ》の子がいらっしゃるとうかがい迎えにあがりました」

とかしこまったので、神武は先導役を命じたという。

さて、ここに現われる天津神、国津神とは何であろう。

『日本書紀』の神話から解釈すれば、天地神とは、日本列島に高天原《たかまのはら》から天降《あまくだ》る神々であり、一方、国津神は土着の神々をさしていることになる。いわば天津神は征服者であり、これを渡来系と考える説も少なくない。『日本書紀』は、国津神をさして〝邪《あ》やしき神〟〝邪《あ》しき鬼《もの》〟と蔑《さげす》み、

つねに征服され支配される者として描いているのだから、図式としてはそのとおりであろう。

ところが、神武という歴史時代に突入したとたん、なぜか国津神は神武を助け、ヤマトに導く大役を買って出る。そして、大和盆地に入る場面でも、吉野の土着の国栖《くず》の先祖ら、ヤマトの三人の国津神が神武を出迎えているのである。

天皇家は土着民に共立された？

天孫降臨を果たしたものの、九州の一部の地域を統治するにすぎなかった〝天皇家〟が、なぜ無事に東遷《とうせん》し、国津神に迎え入れられるようにしてヤマトに入ることができたのであろうか。

ヤマトの地には、この吉野の国栖《くず》だけではなく、葛城《かつらぎ》の土蜘蛛《つちくも》がいて、また『日本書紀』は〝エミシ〟がいたともいうが、蝦夷《えみし》といえば、縄文人の血と文化を強く残した人々であった可能性が高く、その証拠に、神武のヤマト入りに唯一《ゆいいつ》抵抗した長髄彦《ながすねひこ》の名は、脛《すね》の長いという古モンゴロイド的で縄文人的体格を誇張したものではないかと疑われているのである。

ちなみに、ヤマトの土蜘蛛たちをさして八掬脛《やつかはぎ》（八握り、約八〇センチの脛《すね》をもった人）という表わす例からしても、長髄彦が土着的であったことの傍証といえるだろう。

したがって、神武東征を大局的に見れば、長髄彦の抵抗というアクシデントがあったものの、天津神の東遷、国津神の迎え入れという一つのシナリオが存在していたことをにおわすのである。

また、ヤマト入りしたのちの天皇家は、〝征服王朝〟らしくない。

ヤマトを守るうえで最もたいせつな軍事拠点で、流通の要《かなめ》である盆地西方の葛城から生駒《いこま》にかけての山岳地帯を、豪族たちに牛耳《ぎゅうじ》られたまま手を出せなかったこと、また、のちに詳述するが、ヤマトを手に入れるほんとうの目的、河内（ナニワ）という古代最大級の〝貿易港〟を、やはり物部《もののべ》氏が独占していた事実は重大である。

さらに、天皇の住まいが、中国大陸の皇帝の都城とは比較にならぬ、みすぼらしい一代かぎりの宮であったことは、神武東征の立て役者が、むしろこれを迎え入れた側だったのではないかと疑わさせるのである。

ちなみに、天皇の宮の防衛力の欠如《けつじょ》は、唐の都にならってつくられたはずの平城京や平安京にも引き継がれ、彼らは簡単なはしごをかければ乗り越えられる程度の築地塀《ついじべい》を唯一の守りの手段とせざるを得なかった。結局、天皇家が自分の〝城〟をもったのは、明治時代、神武天皇以来二度目の〝東征〟を果たし、江戸城に入ったときのことであった。

『日本書紀』は、八世紀、ヤマト朝廷誕生以来つづいた物部氏など、多くの有力豪族が没落して記された一種の天皇家の勝利宣言にほかならず（事実はもっと複雑で、あえて註を加えるならば、ここは天皇家ではなく、成り上がり者の藤原氏のための歴史書であって、彼らはみずからの永続性を天皇家の権威を借りて保障しようとしたから、古代にさかのぼり、天皇家を正統な征服者に描かざるをえなかったと考えられる）とすれば、もし神武のヤマト入りが、国津神らの演出であったとしても、これを歴史に明記することはできなかったであろう。しかし、王を談合によって決めるという穏やかな政治手段は、どうやら日本列島の伝統となっていた気配がないわけではない。

『魏志』倭人伝は、二世紀末、倭国の王卑弥呼《ひみこ》が、多くの国々（国家ではない）の首長たちの手で〝共立〟、選ばれたのだと証言する。

したがって、ヤマトの大王・神武も、国津神らの手で〝共立〟された可能性は否定できないし、のちにふれるように、考古学的にも、神武天皇の武力制圧の線は薄く、〝ヤマト〟がいくつかの地域の合体であったことが証明されつつある。

つまり、縄文人が〝モノ〟の〝宇宙観〟、柔軟なアニミズム的発想をもって、渡来人を鷹揚に受け入れ、また新たな文化を貪欲に吸収し弥生化していったように、「ヤマトの土着の勢力は、九州の地で先進文化につねにふれてきた最も渡来人的な天皇家を受け入れようとした」という図式を、まずここで描くことができるのである。

もちろん、これはあくまで推理にすぎない。しかし、ヤマト誕生を考えるうえで、これまで、その思考が弥生時代で止まっていたという事実に言及しておきたい。歴史に断絶などあろうはずがなく、とすれば、ヤマト誕生、ひいては、現代社会の謎《なぞ》を解くためにも、縄文時代は重要な鍵《かぎ》を握っているはずなのである。

たとえば、ヤマトは西日本を中心とする渡来人的な王権であったとするのがこれまでの一般的な考え方であったが、なぜかヤマト建国と東国・東日本の間にも、密接な関係があったらしいことがわかってきている。

しかもそれは、従来考えられてきた西日本の東日本への征服活動ではなく、ヤマト建国とほぼ同時に、東日本はヤマトと同化していった気配が強いのである。

じつは、これまで謎のベールに包まれてきたヤマト建国の真相は、邪馬台国《やまたいこく》論争よりも、東国のヤマト化の過程に、より重大なヒントが隠されている疑いが強いのである。

縄文的な文化と資質を強く残していた東日本が、なぜ突発的にヤマト化していったのか。

そこでこの謎を明らかにするためにも、縄文と東日本、縄文と西日本について、あらためて考えておきたい。

縄文人がつくった東西二つの日本

これまで、縄文時代、縄文文化といえば、たんに考古学の標本にすぎなかった。しかし、近年、三内丸山《さんないまるやま》遺跡（青森県青森市）などの発見によって、縄文人の予想外の高度な文明に驚かされ、そして、その文化が、今日まで強い影響を及ぼしていたことが明らかになりつつある。

また、現代日本を東西に二分する文化の差は、遠く縄文時代にすでに存在していたことも、しだいに明らかになってきているのである。

名古屋から富山に抜ける高山本線付近を境《さかい》に、東西日本は不思議なことに二つの文化を残している。

たとえば、東海道線を東京から大阪に向かっていくと、立ち食いそばのつゆの色がしだいに濃《こい》口《くち》醤油を使った黒いだし汁から、薄口醤油を使った透明感のあるだし汁に変わってゆく。しかも両者には明確な分岐《ぶんき》点があって、それは関ケ原付近であるとされている。

さらに、方言でいえば、「居る」を東日本では「いる」といい、西日本では「おる」、山や川の渓谷を東では「サワ」、西では「タニ」といい、東の「湯《ゆ》」に対して、西は「フロ」といい、また、アクセントに関しても、東西で異なる例は多く見られる。

それ以外にも、生活用式や道具にも差が見られ、東日本では囲炉裏《いろり》やそれに用いる道具が発達し、一方西日本ではカマドが普及していた。

縄文時代の高度な文明を証明した三内丸山遺跡（青森市）

そして、東日本には床《ゆか》のない「地床型」の民家が近年まで実在していて、これは、縄文時代の竪《たて》穴《あな》式住居の伝統が守られていたからしい。

興味深いことに、味噌《みそ》や酢の消費量が、東西日本でその差がくっきりと出るというのである。（『日本文化の基層を探る』佐々木高明

日本放送出版協会）

このように、東西日本は、嗜好《しこう》も文化も相容《あいい》れない要素をかなりもち合わせているのである。

では、なぜ、いつ、このような、〝二つの日本文化〟が生まれたのであろうか。

ひとつの理由に、縄文時代の人口分布が東日本に偏《かたよ》っていた点があげられるであろう。

小山修三氏は、日本全国で発掘された縄文遺跡の数から、縄文時代前期・中期・後期、弥生時代のそれぞれの地域別の人口分布と密度を推計した。この結果、多少の誤差はあっても、縄文時代の東国偏在《へんざい》は否定しようのないことが明らかになったのである。

縄文人が東日本を好んだのは、東西日本に〝植生《しょくせい》〟の差があったからとされている。東西日本の文化を分ける高山本線付近を境に、東側に広葉《こうよう》落葉樹林が広がるのに対し、西側が照葉樹林帯で、落葉樹林帯が食糧採集民族の縄文人にとって好都合であったとされている。クルミ、クリ、トチの実、ナラの実などの主要食糧が、照葉樹林帯とは比べものにならぬほど豊富であるばかりか、クルミのように澱粉《でんぷん》質だけではなく脂質《ししつ》を含む実が成るなど、量および質という点に関しても、東は西を圧倒していたのである。

この結果、縄文時代前期から中期にかけて、東西日本を分ける文化の差が生じたと考えられている。

照葉樹林文化とナラ林文化というアジアの潮流

ところで、この縄文がつくり出した〝二つの日本〟を、もっと広い視野でみた場合、東アジアの二つの大きな潮流によって生み出されたのではないかとする有力な説がある。それが、佐々木高明氏らの唱えるナラ林文化圏と照葉樹林文化圏である。

つまり、日本を二分した文化圏は、南シベリア、沿アムール、沿海州地域からサハリン、中国東北部、朝鮮半島から流入したナラ林文化と、南方、アジア大陸の温暖帯の大森林地帯、ヒマラヤの中腹からアッサム、雲南《うんなん》高地、東南アジア北部山地、江南の山地から流入した照葉樹林文化によって形づくられたのではないかとする推理である。

前者は縄文時代以前、一万数千年前に東日本へ、後者も、縄文時代前期には西日本に流入していたらしく、東アジアを大きく分断する文化圏が、日本にも多大な影響を及ぼしていたと考えられている。

ところで、縄文時代の西日本では、東日本では見られなかった焼畑《やきはた》農耕文化が花開き、のちに稲作技術が伝えられるとほぼ同時に、本格的な農業化が進んだと考えられているが、これも、照葉樹林文化から大きな影響を受けていたためだ。

そもそも典型的な照葉樹林文化は、山と森のなかから生まれたもので、はじめは狩猟・漁撈《ぎょろう》などの採集や半栽培文化が生業《なりわい》の中心にあったものが、雑穀類・イモ類を中心とする焼畑農耕へと生業を発展させたのだった。

そして、日本にとっても重要なことは、二番目の段階、焼畑農耕の雑穀のなかから稲が選ばれ、水田が登場し、照葉樹林文化は「稲作文化」へと移っていったことである。

縄文前期には、農耕段階に入る前の照葉樹林文化が流入し、縄文後期から晩期にかけて、焼畑農耕文化が伝わった。そして、こののち、西日本に、照葉樹林帯の最終段階である稲作文化が流入したことで、西日本は次第に農業社会へと変貌《へんぼう》していったのである。

『日本書紀』の東国観

それにしても、縄文時代にすでに完成されていた二つの日本という文化圏が、弥生時代だけではなく、日本の基層を形づくり、現代社会にまで影響を及ぼしているとすれば、当然のことながら、ヤマト建国にも重大な影響があったと見て差し支えあるまい。

たとえば、弥生時代、北部九州に伝わった稲作技術は、徐々に東漸し、伊勢湾沿岸に達するが、ここから先、尾張《おわり》地方（愛知県西部）で、その歩みをぱったりと止めてしまうのである。東国に偏在《へんざい》した縄文人たちの反発があったことはほぼ間違いなく、このため関東地方は、稲作の後進地帯と化してゆく。西日本の稲作民にとっても、東国と西国の異なる文化は、このとき強烈な印象として焼きつけられたのであろうか。『日本書紀』や『古事記』によって、東国はつねにまつろわぬ者とみなされ、つねに征服される者と位置づけられてゆくのである。

たとえば、『日本書紀』景行《けいこう》天皇四十年七月の条には、東国征伐の理由を、おおよそつぎのように述べている件《くだり》がある。

それによれば、——東国に盤踞《ばんきょ》する人々の性格は狂暴で、人を辱《はずか》しめることを平気でする。村や集落に長《おさ》はなく、おのおの境界を侵し合っては物を盗む。山には邪神がいる。野には鬼がいて往来もふさがれ、多くの人々は苦しんでいる。そのなかでも蝦夷《えみし》はとくに手強《てごわ》い。男女親子の区別もなく、冬は穴に寝て、夏は木に棲《す》む。毛皮を着て動物の血を飲み、兄弟同士で疑い合う。山に登れば鳥のようであり、野原を走れば獣のようだ。恩を受けても忘れるが、恨《うら》みはかならず報《むく》いるという。矢を髪の毛の中に隠し、刀を衣《ころも》の中に帯びている。徒党を組んでは辺境を侵し、収穫期には作物をかすめる。攻めれば草の中に隠れ、追えば山に逃げる。だから、昔から一度も王化に従ったためしがない、というのである。そして、この蝦夷の野蛮《やばん》なことが、東征の根拠になっているのである。

また、『宋書《そうじょ》』倭人伝には、倭王「武《ぶ》」(五世紀の雄略《ゆうりやく》天皇のこととされている)の「東の毛人《えみし》を征すること五十五国」とあり、東国はつねに征服するものという考えがあった。

東国が潜在的脅威《きょうい》でありつづけたことは、〝三関固守《さんげん》〟という例をもってしても明らかであろう。

八世紀から九世紀初頭、平城京や平安京に都が置かれた時代、朝廷は都に不穏《ふおん》な事態が発生すると、西日本と東日本を分断する三つの関を閉め、厳重な警戒網を敷いた。

この三関とは、美濃《みの》国不破《ふわ》の関(岐阜県関ヶ原町)、伊勢《いせ》国鈴鹿《すずか》の関(三重県亀山市付近)、越前《ぜん》国愛発《あらち》の関(福井県敦賀《つるが》市南部の旧愛発《あらち》村と滋賀県高島市マキノ町との境にある有乳《あらち》山付近)で、この三関を結ぶラインが、ちょうど東西日本の文化を分ける分水嶺《ぶんすいれい》に近いことは興味深い。ヤマト朝廷にとって、縄文時代にでき上った二つの日本を、八世紀の段階でも意識せざるをえなかったのである。

ちなみに、古代の東国とは、この不破(関ヶ原)付近から東側をさしている。

四世紀東国の激変の意味

ところで、東国とひと言でいっても、弥生時代の中期から後期ごろに入ると、東海や北陸を中心に、弥生文化がかなり普及している。だが、かといって、その文化全般が西日本とまったく同質であったわけではなく、東西二つの文化圏という大枠《おおわく》が崩れたわけではなかった。

ところが、三世紀半ばから後半にかけて、ヤマトに王権らしきものが誕生するのとほぼ同時に、東国は奇妙な変貌《へんぼう》を遂げてゆくのである。

縄文的な文化を継承しつつも、ゆるやかな弥生化に向かいつつあった東国に、まず変化が訪れたのは、二世紀の西日本の騒乱のあと、西日本を追うように東国が騒乱に入ってからのことであった。

『魏志』倭人伝によれば、倭国《わこく》・西日本の騒乱は、卑弥呼が倭国の王として共立される以前にはじまっているらしいことがわかる。

その国、本また男子を以《もっ》て王となし、住《とど》まること七、八十年。倭国乱れ、相攻伐すること歴年

とある。また『後漢書《ごかんじょ》』倭伝には、

桓《かん》（後漢第十一代の桓帝）霊《れい》（同じく第十二代の霊帝）の間、倭国大いに乱れ、更々《こもごも》相攻伐し、暦年主なし

とあって、両帝の存在期間は、西暦一四七年から一八八年のことだから、二世紀半ばから後半にかけての倭国の騒乱を二つの文書が記録していたことになる。

こののち、三世紀に入ると卑弥呼が共立され、さらに数十年後、ヤマトを中心にまとまった国が誕生するのだが、その直前、関東地方では、西日本の争乱に遅れるかたちで混乱の時代に突入していたらしい。

農耕に不便な高台の集落、防御用の諸施設や戦闘の痕跡《こんせき》等が発掘されて、関東は多数の政治・文化圏に分かれて抗争が繰り広げられていたことが明らかになってきた。

ところが、三世紀後半、ヤマトに王国らしきものが誕生し、四世紀に入ると、関東の姿は激変している。なぜか混乱がおさまり、これと同時にヤマト的な文化・風習が瞬く間に広がっていっ

たのである。

この関東の変化を考古学では、

⑴前方後円墳や前方後方墳が出現した。

⑵土器の地域的特色の影がうすれ、近畿地方に起源をもつものへと斉一《せいいつ》化が進んだ。

⑶膨大《ぼうだい》な遺跡の発掘調査によって、三世紀に北陸・東海地方から多くの入植があり、これに続くように、四世紀近畿の人々の大量入植のあったことが判明していること。（『東国と大和王権』原島礼二・金井塚良一編　吉川弘文館）

の三点に集約している。

あらためていうと、弥生時代の関東地方では、独自の再葬墓文化をかたくなに守り、また縄文色の強い土器を使用していた。とくに北関東は西日本とは異質の文化圏にあった。

この、縄文的な関東の激変と急速なヤマト化こそ、ヤマト建国の最も謎めいた部分といっても過言でないのは、ヤマトが関東地方を武力制圧した証拠がどこにも残っていないからなのである。

それどころか、関東のヤマト化のプロセスは、じつに平和的であったことが明らかになってきている。というのも、関東地方に入植した人々の定住地にはある一つの法則らしきものがあって、それがとても征服とは考えられないのである。

すなわち、先住民の開拓した地域には手をふれず、それまでの技術では（すでにふれたように、関東地方は稲作技術の後進地であった）開墾できなかった場所に新たな田や畑を設けて棲《す》み着き、棲み分けを果たしていた。しかも、その先進技術が、関東地方に繁栄をもたらすきっかけさえつくっていったというのである。

ヤマト建国と縄文人

ここに一つの符号が見出せる。

すなわち、縄文末期、大陸や半島から稲作文化が伝わり、西日本の縄文人はこの文化と渡来人を受け入れ融合《ゆうごう》することで、一躍大発展のきっかけをつくった。そして弥生時代の人口爆発と稲作技術の発展は、この地域に富をもたらし、ついには三世紀半後半、ヤマトに王権を樹立するにいたる。

このとき東国では、かつて西日本の縄文人が〝弥生〟を受け入れたように、〝ヤマト〟を受け入れ、これと融合することで、新たな社会を築こうと決断したのではあるまいか。

たとえば、神武東征に際し、国津神が誘導し、ヤマトの土着勢力が神武を迎え入れたのは、〝ヤマト建国〟に、西日本に残った縄文的な土着民や山の民、また東国の人々の〝総意〟と〝決断〟があったからとみなすことができる。

つまり、〝ヤマト建国〟に、弥生以前の一万年を築いた縄文時代がからんでいたのではないかと疑えるのである。

こうして、いよいよ〝ヤマト建国〟の真相に迫ってみたい。

第2章

邪馬台国はどこだ

中国文明の滅亡とヤマト建国

縄文―弥生―ヤマト（古墳時代）とつづく流れを考えるうえで無視できないのは、地球規模の気候変動と、これによってもたらされた中国大陸の盛衰である。

縄文時代が温暖な気候であったことは、〝縄文海進《かいしん》〟といわれるように、北極や南極、氷河の氷が解《と》けて、海水面がかなり上昇していたことからも明らかである。いまでは寒冷な東北地方で、三内丸山《さんないまるやま》遺跡に代表される絢爛《けんらん》な縄文文化が花開いたのはこのためである。

ところが、縄文時代中期末から後期にかけて、地球規模で急激な寒冷化が進んだとされている。縄文文明の急速な衰弱も、この気候変動と密接な関係があったらしく、しかもこれは日本列島ばかりではなく、全世界の文明に打撃を与えていた。

縄文後期の縄文人人口の減少ののち、これに追い打ちをかけるように渡来人が流入するが、これは大陸の混乱によってはじき飛ばされた人々の新天地への逃避であったと考えられる。

そして、これ以後、弥生時代を通じて、ボートピープルが絶えなかったとされるのは、長期にわたる中国大陸の混乱と衰弱が大きなかかわりをもっていたからだろう。

一世紀初頭、日本では弥生時代中期、漢王朝末期の戦乱は、食糧生産の停滞をもたらし、中国大陸は飢えと貧困にあえいでいた。六千万あった人口は半分に減り、漢は滅亡。紀元三七年、光《こう》武《ぶ》帝がようやく後漢《ごかん》を樹立するころには、さらに人口は減り、およそ千五百万人ほどに落ち込んでいったという。

四分の一という人口減少は、文明の崩壊であり、脅威的な数字といえよう。

このころ、〝漢委奴国王《かんのわのなの》〟の称号と金印が北部九州の一小国に与えられたのは、中国による東国支配が限界となり、各土着の首長に管理を依託せざるをえなくなった結果とされている。日本の歴史が、東アジアの潮流と密接につながっていたことは、この例をもってしても明らかであろう。

それはともかく、こののち、後漢は勢力を盛り返し、二世紀半ばには人口が五千数百万と、ほぼ盛時の状態をとり戻したのであった。

ところが西暦一八四年、宗教秘密結社、黄巾《こうきん》党が反乱を起こし、大陸は再び戦乱の巷《ちまた》と化した。後漢は滅び、『三国志演義《さんごくしえんぎ》』で名高い魏《ぎ》・呉《ご》・蜀《しょく》の三国時代（二二〇〜二八〇）へ突入する。

劉備《りゅうび》・関羽《かんう》・張飛《ちょうひ》・諸葛孔明《しょかつこうめい》・曹操《そうそう》といった英雄たちの華々しい活躍は、いまだに根強い人気をもつが、三つ巴《みどもえ》の相克《そうこく》は、中国の人口を最盛期の十分の一にまで落とす暗黒の時代をつくっていった。

朝鮮半島や日本など周辺諸国に与える影響は想像以上に大きかったはずで、ちょうどこのころ、邪馬台国《やまたいこく》の卑弥呼《ひみこ》が彗星《すいせい》のごとく登場するのは、意味のないことではあるまい。

ちなみに、中国が国力を回復し、人口をもとの数字に戻すのは、六～七世紀、隋《ずい》の時代、日本では聖徳《しょうとく》太子らが活躍する時代であった。

このように、紀元前からはじまった寒冷化と大陸の混乱が大量の亡命人を生み出したことはまず間違いなく、彼らが海に逃れ、潮の流れに身を任せれば、漂《ただよ》い着くところは、日本列島かあるいは朝鮮半島南岸地帯であった。

倭人の故郷

渡来人が日本に弥生時代を招き、やがてヤマト建国の遠因をつくってゆくが、『日本書紀』が示した二つの見解、ヤマトの王が九州から東へ向かったこと、国号を〝倭〟と自称していたことは、弥生時代とヤマト建国の真相を考えるうえで、貴重な証言といえよう。この天皇家の動きは、まさに渡来人的な西から東への流れに沿っていること、しかも〝倭〟という国名自体が、大陸からやって来た可能性すらあるからである。

そこで、しばらく、この〝倭〟に注目してみたい。

そもそも、〝倭〟とは、どこから派生した名なのであろうか。

『魏志《ぎし》』倭人伝には、

倭人は帯方《たいほう》の東南大海の中にあり、山島に依《よ》りて国邑《こくゆう》をなす。旧《もと》百余国。漢の時朝見《ちょうけん》する者あり、今、使訳《しやく》通ずる所三十国

とあって、これが帯方（帯方群。現在のソウル付近）から東南の大海の中の島国、つまり日本列島の住民であると記されていて、漢の時代、すでに倭人は大陸と交流があったことを示している。

このあたりの事情は、西暦一世紀、後漢の班固《はんこ》の撰《えら》んだ『前漢書《ぜんかんじょ》』に、

楽浪《らくろう》の海中倭人あり、分かれて百余国となる。歳時《さいじ》を以《もっ》て来り献見《けんけん》すという

とあることからもほぼ間違いないであろう。ちなみに、ここにいう楽浪とは、先述の帯方群の北方、現在の平壌《ピョンヤン》付近である。

ところで、西暦九〇年頃成立した後漢代の思想書『論衡《ろんこう》』には、古い倭人の記録がとどめられている。

周《しゅう》時天下太平にして、越裳《えっしょう》、白雉《はくち》を献じ、倭人、鬯艸《ちょうそう》を貢《こう》す

鬯艸は倭より献ず

といった文言が見える。

周の時代、天下は穏やかで、越裳（越人）は瑞祥《ずいしょう》として知られる白い雉《きじ》を周に献じ、倭人は鬯艸、つまり、香草や霊薬となる霊芝《れいし》を献じたというのである。

では、この霊芝を周に送り届けたという倭人とは、日本列島の倭人だったのであろうか。

周は紀元前一〇五〇年ごろから、同二五六年までつづいた国として知られる。これらの話は、周代初頭の記事であるから、日本はまだ縄文時代に当たり、定期的で組織ぐるみの大陸との交流

はにわかには信じがたく、また、倭が〝越《えつ》〟と並んで記されているところから、これは越の隣国、呉《ご》の国の倭人ではないかとされている。

呉と越といえば、〝呉越同舟《どうしゅう》〟で知られる国で、中国大陸の南部に位置し、しかも日本とは不思議な縁で結ばれた国であった。

では、なぜ呉の住民が倭人と称されていたのか。話はいささか、さかのぼらねばならない。呉建国の経緯《いきさつ》である。

呉の誕生は、遠く殷《いん》の滅亡に端を発していた。

殷といえば、中国の歴史上確認しうる最古の王朝で、王朝の後期、有名な遺跡・殷墟《いんきょ》に都したのが、紀元前十四～同十一世紀だったというから、気の遠くなるような時代背景である。

紀元前十一世紀ごろ、殷に従属していた周は、武王《ぶおう》のとき殷を滅亡に追い込む。このとき、武王の弟、周公《しゅうこう》がよく補佐し、さらに武王の死後、幼少の成王《せいおう》を盛り立て、孔子《こうし》によって聖人と崇《あが》められるほどの人物であったという。

ところが、周公の名声が、長子・太伯《たいはく》にかえって仇《あだ》となった。王位継承問題のこじれで、政争に巻き込まれた太伯は、ついに長江《ちょうこう》下流域に逃れ、この地の先住民に紛《まぎ》れ込んだために、断髪・文身《ぶんしん》（入れ墨）をしたという。土着の人々は太伯に帰服し、ここに呉が建国されたのである。そして、この太伯が紛れ込んだ呉の住民こそ、倭人とよばれていたのである。

『漢書』によれば交趾《こうし》（ベトナム北部のトンキン・ハノイ地方）から会稽《かいけい》（中国東南部の浙江省《せっこう》・長江の南部）に至る地域に、〝越人〟が住んでいたと記録されているが、この〝越人〟こそ、倭人と同一民族であったとされている。

〝越〟と〝倭〟の古音はどちらも〝ヲ〟で、二つは類音異字にすぎなかったからである。すなわち、この越人（倭人）が春秋時代（前七七〇～前四〇三）、江南地方（長江下流域）に打ち立てた国家が越だったのである。

徐福伝説と倭人のつながり

問題は、この中国大陸と日本列島の〝倭人〟には、いくつもの共通点が見出せる点である。

まず最も重要なことは、稲作文化が、呉や越の地域から朝鮮半島をへて、あるいは直接日本に伝わっていたことにある。そして同時に、呉や越の〝倭人〟が、大挙して日本へやってきた可能性が高いとする説もある。

たとえば、弥生時代初期、倭人ではないが、中国から大量の亡命人が日本に向かったという伝承があって、中国側の資料と日本の民間伝承が一致するところから、どうも史実だったのではないかと考えられている。

それが徐福《じょふく》伝承である。

司馬遷《しばせん》の『史記《しき》』によれば、紀元前三世紀、中国の秦《しん》の始皇帝《しこうてい》の時代、徐福は不老不死の薬を始皇帝のために探しにいくという名目で、八十五隻《せき》にも及ぶ大船団に、男女五百余人、食糧・財宝を載せ、東海の蓬萊《ほうらい》山を目指し旅だったという。

ところが、徐福は、船出したまま、中国に帰らなかった。どうやら、日本にたどり着いたらしい。

佐賀県と和歌山県には、実際に徐福伝承が色濃く残され、さらに、鹿児島県から山梨県に至る地域まで、日本各地に、徐福の伝説は語り継がれている。

徐福は山東半島、つまり、長江から北寄りの黄河《こうが》の下流から出発したから、この人物と呉や越の倭人との間にかかわりはなかったかもしれない。しかし、この当時、大量の亡命人や渡来人が日本列島に渡ったであろうことを、この伝承は伝え、さらに、この海域を、〝倭の水人〟とよばれる人々が盛んに行き来していたというから、北方の漢民族に圧迫され続けた〝倭人〟が日本に流れ着いた可能性は否定できない。

『魏志』倭人伝には、

断髪文身《ぶんしん》、以《もっ》て蛟竜《こうりゅう》の害を避く。今《いま》倭の水人、好んで沈没して魚蛤《ぎょこう》を捕え、文身しまた以て大魚・水禽《すいきん》を厭《はら》う

とあって、日本列島の倭人は、文身（入れ墨）をし、よく水に潜り魚を捕っていたという。そして、この入れ墨は、大きな魚から身を守るために施されているとしている。このような習俗は、周の太伯が長江流域に逃れたとき、地元の人々に合わせて文身したとあるように、稲作民族でありながら魚も捕る海岸地帯の越人（倭人）と共通である。

また、『魏志』倭人伝は、倭国の女性の服装にまで言及し、それが〝貫頭衣《かんとうい》〟であったとしている。二枚の布を縫い合わせ、首と手の出るところだけ開けておくもので、これも越人の文化と共通であり、現在でも、東南アジアの稲作地帯、タイ、ミャンマーや中国雲南《うんなん》地方では実際に着用している。さらに『魏志』倭人伝に記載はないが、住居という共通点もある。

比較的乾燥した地域、黄河流域の漢民族は畑作農耕民であるために、家屋は土間式であった。これに対し、湿地帯を好んで選ぶ水稲農耕民の倭人は、炊事の火を水害から守るために、高床《たかゆか》を

弥生時代の高床式建造物（大阪府・池上曽根遺跡）

選び、籾《もみ》を干すための露台を、母屋《おもや》につなげて設置している。

日本の弥生時代には高床で露台を備えた建造物が出現していることからも、二つの倭人の習俗の近さに気づかされるはずである。

そして、『晋書《しんじょ》』倭人伝によれば、日本列島の倭人が、呉を建国した太伯の末裔《まつえい》であることを自称していたというから、両者の結びつきは、かなり根が深そうである。

倭国王天皇家は倭人的で渡来人的？

弥生時代、九州に上陸した渡来人には、おおよそ二種類の体格が見られるという。長身・高頭型と、低身長・低頭型の二つで、前者は朝鮮半島からの北アジア系、後者は中国江南《こうなん》地方の、いわゆる倭人《わじん》ではないかとされている。数の上ではどうも前者の比率が大きいらしいが、それでも弥生人が〝倭人〟を自称し、やがて国土が〝倭国〟とみなされていったのは、一つに、中国に対し、〝倭人〟のほうが通りがよかったためであろう。

ところで、『魏志』倭人伝に登場する倭国が、きわめて倭人的な習俗をみせていたことはすでにふれたが、この国を束《たば》ねる者は、あらためて述べるまでもなく、女王卑弥呼であった。

そしてこの卑弥呼が、天皇家の祖だったのではないかとする説がある。『日本書紀』に現われる皇祖神《こうそしん》・天照大神《あまてらすおおみかみ》という女神こそ、卑弥呼と同一だったとする推理である。

天照大神とよばれるこの神は、『日本書紀』のなかで、はじめ大日孁貴《おおひるめのむち》という名で登場する。この〝孁〟の一字の本義は、〝巫女《みこ》〟であり、〝日孁〟は日巫女であったことがわかる。

ちなみに、太陽神の天照大神が、実際には太陽神を祭る巫女であったことは、大きな矛盾《むじゅん》をはらむが、なぜ『日本書紀』の編者がこのような明らかな過失を犯しているのかについては、のちに詳しくふれる。ここでは、天照大神が日巫女＝卑弥呼を意識してつけられた名だったと仮定して話を進めたい。

倭国王・天皇家は、天照大神の末裔であり、九州からヤマトに入ったと『日本書紀』は定義する。とすれば、同じく倭国王の卑弥呼の〝倭国〟も、天皇家の〝倭国〟も、どちらも稲作技術を携えて徐々に九州から東へと向かった弥生人集団の象徴的存在であったという図式を想定してもいい。

神話の時代設定

神話の時代設定は、明らかに弥生時代を意識したもので、水田稲作をめぐる紛争や、青銅器がそこかしこに登場するなど、縄文時代は、まったく念頭になかったとしか思えない。これは忘却《ぼうきゃく》ではなく、意図的なものではなかろうか。すでにふれたように『日本書紀』の狩猟民族に対する蔑視《べっし》は明らかで、その表現法はきわめて辛辣《しんらつ》だからである。

こうして見てくれば、ヤマトの王・天皇家の成り立ちが、きわめて渡来人的で倭人的であったことになり、また、卑弥呼が天照大神とすれば、弥生―邪馬台国―ヤマトという歴史の流れは、おおよその説明ができてしまうことになりそうだ。

つまり、ヤマト建国の真相は、『日本書紀』が暗示するように、倭人（渡来人）による西から東への領土支配の拡大という単純な図式で描くことも可能なのである。

ところが、ヤマト建国をめぐる謎は、それほど単純ではない。

仮に、『日本書紀』が卑弥呼と天照大神を同一とみなしていたとしても、なぜ偉大な始祖を実在の人物ではなく、神に仕立て上げ、曖昧《あいまい》な神話のなかに閉じ込めてしまったのか。卑弥呼を神格化すれば、魏から親魏倭王の称号を得たという天皇家の正統性を歴史にとどめられなくなる。

さらに、天皇家が九州からヤマトに移ったとすれば、それは何世紀のことだったのか。それは、卑弥呼のときか、あるいは古墳が誕生するころのことなのか、この時期が少しずれるだけで、ヤマト誕生のシナリオは大きく変わる。

そして最後に、第1章でふれたように、ヤマト建国とともに東国がいっせいにヤマト化したのはどうしてなのか。仮に天皇家が倭人的であったとすれば、なぜ東国はなんの抵抗もなく、強大な王国の樹立に従ったのであろうか。

これらの謎を解き明かすためにも、あらためて歴史を掘り下げる必要があろう。

そこでまず注目しておきたいのが、神話の世界なのである。

神話は歴史改ざんの道具だった？

戦後、日本の歴史から神話時代が削られていったことは周知の事実である。神話こそ国家神道の根本であり、戦前の忌《いま》わしい過去を繰り返さないためにも、神話は切り捨てられたのである。爾来《じらい》神話は、他民族の残した同様の神話との比較という視点でのみ語られて来たきらいがある。

たしかに、『日本書紀』や『古事記』に収められた神話の多くは日本独自のものではない。アジア全般はおろか、シルクロードを超え、遠く地中海にも広がる壮大なスケールの伝播《でんぱ》の可能性を秘めていることは否定できない。

そしてこのことが、日本文化を考えるうえで貴重な研究になったことは間違いない。

しかし、その一方で、『日本書紀』が、政治色の強い歴史書であったことを思うとき、神話をたんなる〝文化現象〟とのみとらえるのには問題がある。その裏側に秘められた生々しい政治闘争と権力者側の一方的な歴史解釈、つまり歴史改ざんが行なわれていたことを見逃してはならない。

というよりも、『日本書紀』は、神話的要素をふんだんにちりばめることで、都合の悪い史実をもみ消してしまったのではないかと思われるふしがある。『日本書紀』の記述から、ほぼ正確な歴史が抽出《ちゅうしゅつ》できるのは、六世紀以降とも七世紀に入ってからともいわれるが、『日本書紀』編纂のわずか百年、二百年前のことが、すでに曖昧模糊《あいまいもこ》としてしまっているのはどうにも腑《ふ》に落ちない。

中世、関ヶ原の合戦で敗れた長州・薩摩両藩は、三百年間その恨《うら》みを忘れず、ついに明治維新の原動力となったことは、つとに名高い。人の執念《しゅうねん》とは、このように強いものであり、歴史はそう簡単に消えるものではない。

とすれば、弥生時代、邪馬台国からつづく、ヤマト建国の経緯《いきさつ》でさえ、『日本書紀』の編者は、その実体を知り尽くし、しかもその経緯が八世紀の朝廷にとって不都合で、だからこそ、神話的な伝承を寄せ集め、フィクションを織りまぜ、史実を抹殺する必要に迫られたのではないかと疑ってみたくなる。

そして、実際、『日本書紀』の編者が、ヤマト建国の真相をほんとうに知っていたのではないかと思われる記述が、そこかしこに散見できるのである。

そのなかでも、重要なことは二つあるように思われる。

ヤマト建国の定義を知っていた『日本書紀』

まず第一に、『日本書紀』の編者が、ヤマト建国の定義を、よく心得ていたという点である。すでにふれたように、ヤマトの地に王権らしきものが誕生したのは、三世紀半ばから後半、巨大で一風変わった、前方後円墳の登場とほぼ同時だと考えられる。

さて、『日本書紀』は、第十代崇神《すじん》天皇の治世中のこと、三輪山《みわ》の大物主神《おおものぬしのかみ》の妻となった倭迹迹日百襲姫命《やまとととびももそひめのみこと》が箸墓《はしはか》に埋葬されたと記し、また、崇神天皇の崩御《ほうぎょ》ののち、各天皇が陵に葬られるようになったことを記録している。

この箸墓が最古級の前方後円墳であり、ヤマト建国の直後に造営されたことはすでにふれている。そして、この前方後円墳出現期の崇神天皇をさして、〝ハツクニシラス天皇〟、すなわち、はじめて国を治められた天皇とよんでいることは見逃せないのである。

ちなみに、『日本書紀』は初代神武《じんむ》天皇にも同じ、〝ハツクニシラス天皇〟の称号を与えているが、神武天皇と崇神天皇は同一人物であったものを二人の人物に分けて記録されたのではないかとする有力な説がある。

最初期の前方後円墳・箸墓（奈良県桜井市）

　第二代綏靖《すいぜい》天皇から第九代開化《かいか》天皇までのいわゆる闕史《けっし》八代とされる天皇の生前の業績が、『日本書紀』や『古事記』の記述からほぼ脱落していること、和風諡号《わふうしごう》（中国風のおくり名・漢風諡号に対し、日本風のおくり名）が後世につけられた可能性が高く、七〜八世紀の天皇家のそれによく似ていて、けっして〝古風〟ではないこと、さらには、『日本書紀』の神武天皇の記述に、四年から三十一年までの空白が存在するが、一方、崇神天皇の具体的な活動が〝四年〟からはじまっているのは、本来ハツクニシラス天皇として同一であった神武天皇と崇神天皇を、二人に分けて、史実を繰り返して語っている証拠だというのである。

　私見も、この神武・崇神同一説に従うが、巨大古墳の誕生と王権の確立が記録上一致していることは、なんとも興味深い。

そして、初代天皇が崇神であり神武であることを、『日本書紀』の編者が熟知していたとすれば、彼ら八世紀の朝廷が、弥生時代（もちろん当時の人々はこうよんではいないが）の事情をある程度知っていて、それを神話の世界に押し込んだのではないかと思えてくる。

その証拠に、すでにふれたように、神武天皇が東征するに際し、「村には長《おさ》がいて、それぞれの境を設け、対立している」と表現しているが、これはまさに、弥生時代の状況を的確にとらえているのである。

そして第二に、すでにふれたように、神話には、水田稲作をめぐる説話が多いが、このなかには、弥生時代に起きたであろう、非稲作民との間に交わされた葛藤《かっとう》と共存というプロセスが秘められている可能性が高い、ということなのである。

ここで、最も重視しておきたいのは、まさにこの一点である。

そのため、少し話は長くなるが、『日本書紀』に示された神話のあらましを、遅まきながら、概観しておこう。

ヤマトを創造した神々

『日本書紀』によれば、はじめ宇宙の混沌《こんとん》の中から、まず天が完成し、のちに地が定まったという。そしてこのあと、三柱の創造主が生まれ出る。

『日本書紀』はそれを国常立尊《くにのとこたちのみこと》、国狭槌尊《くにのさつちのみこと》、豊斟渟尊《とよくむぬのみこと》の三柱とし、『古事記』は天之御中主神《あめのみなかぬしのかみ》、高皇産巣日神《たかみむすひのかみ》、神産巣日神《かみむすひのかみ》であったという。

ところで、創造神がなぜ三柱かというと、『日本書紀』の編者らが、中国の道教《どうきょう》の影響を受けていて、こののち登場する数々の神とともに、三・五・七という〝陽数〟を重視したためとされている。いわば、縁起かつぎ、数合わせの〝三柱〟であったのだろう。

それはともかく、最初の三柱誕生ののち、数多《あまた》のどうでもよい数字合わせの神々が生まれたのち、ようやくイザナギ・イザナミの男女一対の神が登場し、ここでようやく〝国生み〟がはじまる。ちなみに、国常立神からイザナギ、イザナミまでは神代七代《かみのよななよ》と称されている。

かれらは天津神《あまつかみ》から、漂《ただよ》っている国をつくり固めるように命じられ、天沼矛《あまのぬぼこ》を下ろし多くの島々を生んでゆく。日本列島の誕生である。

こうして島に降り立ったイザナギとイザナミは、天《あめ》の御柱《みはしら》と天の八尋殿《やひろどの》（大きな家）を建て、御柱を回ってまぐわい、皇祖神で伊勢神宮に祭られることになる天照大神や月読命《つきよみのみこと》、のちの出雲《いずも》神の祖に当たる素戔嗚尊《すさのおのみこと》（以後スサノオ）の三柱（三貴子）を産み、神話はここから活発に動きだす。

イザナギは、天照大神には天上の高天原《たかまのはら》、月読命には夜の食国《おすくに》（夜の世界）、スサノオには海原を統治するように命じたのである。

ところが困ったことに、スサノオは性格が悪く狂暴で、それでいて子どものように泣きやまなかった。また、『古事記』によれば、母イザナミが火を生むとき焼かれて死んだことを嘆き悲しみ、八束髭《やつかひげ》（約八〇センチのひげ）が生えるまで泣きやまなかった。

一度根《ね》の国（地下の国）に追放され、許されて高天原に戻ったスサノオは、今度は非情で手がつけられない札つきの悪となって暴れ回ったという。

天照大神の御田《みた》に踏み込み、春には重播種子《しきまき》（一度種をまいた田に重ねて種をまくこと）をし、灌漑《かんがい》施設を壊し、馬を田に放ち、天照大神の新嘗《しんじょう》（その年に獲れた新穀を神に供する神聖な祭り）宮に侵入し、〝糞尿《ふんにょう》〟をまきちらすなど、やりたい放題の狼藉《ろうぜき》を働いた。

驚いた天照大神は、ここで天の岩戸に隠れ、世の中が真っ暗になるという有名な話につづくが、それはともかく、スサノオは罪を問われ、地上界へ追放される。

降り立ったのは出雲だった。この地で八岐大蛇《やまたのおろち》にねらわれた国津神《くにつかみ》の娘・奇稲田姫《くしいなだひめ》を救い、これを娶《めと》ったスサノオは、心根を入れ替えたように、出雲建国にはげんだのであった。そして、スサノオの事業は、末裔《まつえい》（あるいは子や孫の）大国主命（大物主神）や事代主神《ことしろぬしのかみ》に引き継がれていったのである。

ちなみに、スサノオが高天原から下りて来たにもかかわらず、出雲神が天津神ではなく、国津神とみなされるようになったのは、国津神を娶り同化し、国土をいち早く造成していったことと無縁ではあるまい。

さて、出雲の国が完成してみると、高天原の天津神たちは、地上界（葦原中国《あしはらのなかつくに》）を支配しようと目論《もくろ》む「葦原中国の邪《あ》しき鬼《もの》」を払い除き、平定してしまおうというのである。

さっそく出雲神のもとへ使者が送られるが、彼らは出雲に同化してしまい、復命する者がいなかった。高天原で出雲乗っ取りの指揮をとっていた高御産霊神《たかみむすひのかみ》なる神は、しびれをきらし、経津《ふっ》主神《ぬしのかみ》を選び、切り札として送り込む。

大国主命と事代主神の親子は、経津主神の前に屈し、国譲りの強要を承諾したのだった。

さっそく高御産霊神は、天照大神の孫・ニニギを日向《ひむか》（九州・宮崎県付近か）高千穂峰《たかちほのみね》に降臨させたのである。そして、この神の曾孫《そうそん》こそ、九州の地からヤマトの地を平定する神武《じんむ》天皇（イワレヒコ）なのであった。

八世紀倭人の歴史観

これが『日本書紀』に記された、神話のあらすじである。

一見して荒唐《こうとう》無稽《むけい》なおとぎ話のように思える伝承であり、世界各地に広まった神話と類似した点も多く、これを歴史とみなすことはできそうにないが、テーマをしぼって読みなおすと、意外な側面をもち合わせていることにきづかされるはずである。

『日本書紀』は、スサノオをさして〝性悪《かむさがさがな》く〟と評し、狂暴で手に負えぬ男であったと糾弾《きゅうだん》する。そして、スサノオの最も重い罪は、天照大神の田を荒し、新穀にまつわるたいせつな祭りを妨害したことであったという。これらスサノオの狼藉《ろうぜき》のほとんどが稲作作業に対する行為であったことは、じつに興味深いのである。

延喜《えんぎ》大祓祝詞式《おおはらえののりとのしき》には、天津罪（高天原での罪）と国津罪（地上界での罪）という分類があって、天津罪は、稲作に対する犯罪であり、スサノオの犯した過ちのほとんどがこれに含まれるとされている。スサノオは、観念的に稲作民族の敵としてみなされていたことは、まず間違いないだろう。
このような事情は、スサノオにかぎらず、出雲全体に共通している。
たとえば神話の中で、スサノオは母イザナミの死を嘆いたとあるが、
素戔鳴尊《すさのをのみこと》、年已《としすで》に長《お》いたり。復八握鬚髯《またやつかひげ》生《お》ひたり。
と、ひげが八握り＝約八〇センチものびてもなお、泣きやまなかったとしている。
このスサノオの泣きぐせは子孫にも伝わり、『出雲国風土記《ふどき》』仁多《にた》郡の条には、大穴持《おおあなもち》（大国主）命の子のアジスキタカヒコネが、
御須髪《みひげ》八握《やつか》に生《お》ふるまで、夜昼哭《よるひるな》きまして
と、やはり八〇センチのひげと、よく泣いたことが記されている。
問題は、この〝八握のひげ〟にある。

田中勝也氏が『エミシ研究』のなかで指摘するように、江南《こうなん》系倭人や扶余《ふよ》系種族といった、いわゆる弥生時代の渡来人は、一般に体毛が薄かった。これはすでにふれた新モンゴロイドの体質であった。一方、日本の土着の縄文人は古モンゴロイドであり、体毛は濃かった。ヤマトの長髄《ながすね》彦《ひこ》が古モンゴロイドの体形を、半ば蔑視《べっし》をこめて語られていたように、この出雲神たちの遺伝的体質の誇張には、一つの図式、すなわち、土着民を征服していった倭人という八世紀歴史編纂者たちの歴史解釈が秘められていたと考えるのは早計だろうか。

土着民と鬼

ここで一つ指摘しておかなくてはならないのは、土着民と〝鬼〟についてである。八世紀以前、鬼は〝オニ〟ではなく〝モノ〟、あるいは〝シコ〟とよばれていた。この〝モノ〟が曲者《くせもの》で、その本義は鬼であると同時に神でもあった。どういう理由で神と鬼という相反する存在が同じ〝モノ〟でくくられたのかというと、その発想の根源は、遠く縄文人の宇宙観にたどり着く。

すでにふれたように、縄文人の宗教観・アニミズム（多神教）はすべての〝物《もの》〟に霊が宿ると考えたから、山や川、巨大な岩にも神を見出していた。またその一方で神は恵みをもたらす大地や太陽であり、逆に、人々に災いをもたらす天変地異でもあった。そこで彼らは、この神の怒りを恐れて、ひたすら暴れぬよう祈ったのである。

つまり、〝モノ〟とは、人の力では手に負えぬものすべてをさし、それらは神と鬼の両面性をもっていたことになる。

この本来同一であった〝モノ〟が、八〜九世紀以降分離し、〝モノ〟と称されていた存在は〝オニ〟とよばれて蔑視されてゆくが、そのきっかけをつくったのは、『日本書紀』の編纂であったと思われる。天皇家はみずからを神に同化させることで、日本統治の正当性を証明し、逆にある特定の人々をさして〝鬼〟の烙印《らくいん》を押し、明確な神と鬼の差別化を行なっていたからである。

神話によれば、天照大神とタカミムスヒがニニギを降臨させようとしたとき、地上界には「蝿《さば》声《へな》す邪《あ》しき神」、つまり、力もないくせにやたら騒いで抵抗する神がいたという。タカミムスヒはこの神々をさして「葦原中国《あしはらのなかつくに》の邪《あ》しき鬼《もの》」と蔑《さげす》み、「撥《はら》ひ平《む》けしめむと欲《おも》ふ」、つまり、武力制圧してしまいたいと述べている。

このとき、地上界で勢力を張っていたのは、高天原を追われたスサノオの末裔の出雲神たちであった。彼らが、〝鬼〟であったことは、出雲神の中心的存在、大物主神の別名が葦原醜男《あしはらのしこお》であったことからも察せられる。どちらの名にも、〝モノ〟〝シコ〟と、古代特有の鬼の呼称が組み込まれているのである。

西から東へという渡来人的発想の『日本書紀』

ところで、この出雲神同様、明確に〝鬼〟と名ざしされた人々の群れがある。それが東国の蝦夷《えみし》で、有名なヤマトタケル説話に、この鬼が登場している。ヤマトタケルの東国征伐は、第十二代景行《けいこう》天皇の二十七年、武内宿禰《たけしうちのすくね》（蘇我《そが》氏の祖とされている）の報告に端を発している。

東方の蛮族《ばんぞく》・蝦夷たちの盤踞《ばんきょ》する地は、土壌が肥えていて、しかも広く、これを討ち取りましょう、というので、景行天皇は子のヤマトタケルに、

即《すなは》ち言《こと》を巧《たく》みて暴《あら》ぶる神を調《ととの》へ、武《たけきこと》を振《ふる》ひて姦《かだま》しき鬼《おに》を攘《はら》へ

と命じたのであった。言葉を巧みに使い抵抗する神々を鎮め、武をもって鬼を打ちはらえ、と

いうのである。

ここでは、明らかに東方の蝦夷を〝鬼〟ととらえていることがわかる。

この二つの鬼、出雲と蝦夷の共通点は、天津神に征服され被支配者となることである。勝者が神となり、敗者が鬼とみなされたことは明らかだ。そこで興味をひかれるのは、神話の世界で敗れ去った者どものことである。

ここであらためて、出雲の国譲りに話を戻すと、天津神は、出雲神＝国津神的なものを征服して、はじめて天孫降臨の夢をかなえたことになる。これは天から地への移動であったと『日本書紀』は説明するが、実際には九州の勢力（天皇家）と東方の出雲の対立という図式に組みかえることができる。そして、天皇家は、その後東進し、ヤマトに都を遷し、さらにそののち、ヤマト朝廷は東方のまつろわぬ勢力・蝦夷を鬼に見立て、これを征伐してゆくのであった。

こうして見てくれば、『日本書紀』の〝ヤマト建国〟に流れる一貫したテーマは、西から東への勢力圏の拡大であり、東方のまつろわぬ者どもをすべて、〝鬼〟に見立てていたことになる。つまり、これが、八世紀以前の歴史の大枠《おおわく》であった。あらためていうが、これが『日本書紀』編者の歴史観であり、あるいは『日本書紀』の編者が構築した国家の歴史であったことは間違いないだろう。

とすれば、この西から東という主題は、まさに稲作民族としての倭人の生きざまそのものといえるのではあるまいか。

『日本書紀』が天照大神の名を大日孁貴《おおひるめのむち》としたことで、邪馬台国の卑弥呼を暗示していたとすれば、倭国・倭人の九州から東への移動を、想定していたと推理できる。

そこでいよいよ、邪馬台国論争に、足を踏み入れてゆかなければならない。

景初三年に卑弥呼が魏に朝貢したわけ

三世紀半ばから後半にかけて、ヤマト周辺に前方後円墳が造営され、ヤマトに王国が誕生したことがわかっていながら、この王権の本質がなかなかつかめなかったのは、ヤマトに神武天皇が東征したのが、いまから二千数百年前であったという『日本書紀』の記述が信用できなかったこと、つまり、弥生時代から古墳時代への移り変わりを、日本の文献史料ではうまく再現できなかったためである。

一方、おとぎ話めいた日本側の史料ではなく、日本の弥生時代後期の真相を知るためのかなり信頼度の高い記録が、大陸側に残っていた。それが『魏志』倭人伝であった。

魏は蜀や呉とともに、中国の三国時代を築いた国の一つだった。ただし、のちに、魏の権臣・司馬炎《しばえん》は王権を乗っ取り、また他国を滅ぼして晋《しん》国を樹立している。

この晋の時代の太康《たいこう》年間（二八〇〜二八九年）に陳寿《ちんじゅ》によって編纂されたのが『三国志』で、そのなかの『魏志』東夷伝《とういでん》に倭人伝が含まれている。ちなみに、『三国志』は、紀元前九〇年代の司馬遷《しばせん》の『史記』などのような〝正史〟ではない。ただし、その史料的価値は、けっしてひけをとっていたわけではなかった。その正確さゆえに、晋朝はこれを重用したのである。

ところで、この『三国志』に倭国の詳しい記事が載ったのは。邪馬台国の卑弥呼が朝貢し、交流をもったことが最大の原因といえるが、ここにいたる経緯《いきさつ》には、中国大陸や朝鮮半島のやや複雑な歴史もからんでいたようだ。

倭国と中国大陸の交流が最も早い段階で史料に現われるのは、中国の漢の時代のことで、このことは、すでにふれたように、『前漢書』のなかで「歳時を以《もっ》て来り献見《けんけん》す」と記されているとおりである。理由は、紀元前一〇九年ごろ、漢の武帝《ぶてい》が半島西北部の衛氏《えいし》朝鮮を滅ぼし、ここに楽浪《らくろう》郡を設置して植民地とし、ここから半島全体ににらみをきかせるようになったことと無縁ではないだろう。朝鮮半島南部は強い刺激を受け、村落連合国家にすぎなかったこの地域が、小国家や小国家連合隊へと発展し、西暦四〇年代に入り、これらの小国家連合体は、つぎつぎに楽浪郡へ朝貢し、漢の傘下《さんか》に入っていった。

漢帝国の半島進出と半島諸国の従属。これとほぼ同時期に、倭が漢と接触をもったのは、このような半島の動きと連動した疑いが強く、この流れは後漢の時代へと引き継がれてゆくのである。

『後漢書』には、

建武中元二年、倭の奴国《な》、奉貢朝賀す。使人自ら大夫と称す。倭国の極南界なり。光武《こうぶ》、賜うに印綬《いんじゅ》を以《もっ》てす

とあって、西暦五七年、光武帝の時代、倭の奴国が朝貢し、光武帝は〝印〟を授けたとしている。有名な「漢委奴国王《かんのわのなのこくおう》」の刻印のある志賀島《しかのしま》の金印は、まさにこのときのものである。

ところが、二世紀後半、後漢は衰退する。軍縮政策を打ち出した後漢は、楽浪郡を拠点とした半島支配から撤退し、その西北の遼東郡《りょうとう》に本拠地を移していたが、西暦一九〇年ごろ、公孫度《こうそんたく》が後漢の弱体化を見透《みす》かしたかのように、遼東地方を独立させ、朝鮮半島北部を支配するにいたった。そして、公孫度の子公孫康《こうそんこう》は、三世紀初頭、楽浪郡の南側の半分を帯方郡《たいほう》とするが、半島北

部をふさがれた倭と韓は、帯方郡に従属してゆく。

一方中国では、一八四年に黄巾《こうきん》の乱が起きて戦乱の世を迎え、混乱は長期化。ついに二二〇年、後漢は滅び、三国時代へと突入する。そして二三八年（魏の景初二年）、魏が東方に進出し、公孫氏を滅ぼし、帯方郡を奪ってしまう。

つまり、邪馬台国の卑弥呼が魏に遣使したのがその翌年の景初三（二三九）年であった背景には、このような中国の動乱が隠されていたのである。

邪馬台国の卑弥呼にとって、親魏倭王《しんぎわおう》の称号を獲得したことは、国内的に大きな意味をもっていた。倭国騒乱がおさまったとはいえ、倭国の南方には狗奴《くな》国という宿敵がいて、魏という虎《とら》の威《い》を借りて、圧倒することができるという読みがあったからである。『魏志』倭人伝によれば、正始《せいし》八（二四七）年、倭と狗奴国の戦争に際し、魏は倭王に詔書を与え、「檄《げき》を為《つく》りてこれを告《こく》喩《ゆ》」したとしている。

一説に、倭の敵国・狗奴国は、魏の宿敵・呉と海のルートを通じてつながっていたのではないかともいわれ、中国からはるかかなたの東夷の島国で、大陸の代理戦争を演じていた可能性も高く、弥生後期の意外な東アジアの外交戦に驚かされるのである。つまり、魏と倭の交流には、少なからず、両者の打算と政治性が働いていたことは間違いあるまい。

外圧がつくった強い王権

このように、倭の邪馬台国（あらためて述べるまでもないと思うが、邪馬台国は、倭という連合国家群の中心的存在であった）が、流動し混乱する極東の政治史の歯車に組み込まれていたことは確かであろう。

ただし、倭と中国大陸の交流が、原始国家と文明国家の支配と被支配、あるいは、大陸側からの一方的な恩恵を欲した倭にとってのみ有利な外交劇、外交儀礼であったかというと、そうとも決めつけられぬ要素がある。

たとえば、黄河と長江の中間、安徽《あんき》省亳《はく》県の墓で発見された二世紀後半（後漢時代）の塼《せん》（レンガのタイル）には、つぎのような文面が刻まれていた。

有倭人以時盟不（倭人時を以《も》って盟することありや）

つまり、倭人は同盟を結ぶであろうか、それとも我らと敵対し、他の者とつながるのであろうか、と読むことができる。

ちなみに、この墓の主は、魏を建国した曹操《そうそう》の一族の曹胤《そういん》という人物で、長江下流域の会稽《かいけい》郡の太守《たいしゅ》をした人物であったらしい。いわば、倭人のふるさとの長官だったことになる。

この当時、後漢では、道教思想が勃興《ぼっこう》し、新興宗教が国家を揺るがしかねない勢力に発展していて、事実、後漢はそのために滅亡する。

ところで、九州と揚子江（長江）付近には独自の流通ルートがあったとする黒岩重吾氏は、倭国はこの後漢で隆盛を誇った道教を受けいれ、その流れが邪馬台国の卑弥呼の鬼道《きどう》につながったのではないかとし、だからこそ、後漢の役人は、反後漢王朝を標榜《ひょうぼう》する新興宗教と倭人の〝同盟〟を恐れたのではないかと推理している。

けっしてありえないことではないだろう。

古代の海上交通の発達は、現代人の想像をはるかに超えていたことがしだいに明らかになってきているからだ。

ちなみに、遣唐使《けんとうし》船の沈没が多かった例から、縄文や弥生、古墳時代の航海術には誤解が生じやすかった。そして、古代海上輸送の重要性を見落とす結果になっていたと思う。

遣唐使船のような構造船は、日本の唐に対する見栄からつくられた非現実的な乗り物で、一度嵐《あらし》に遭《あ》えば、ひとたまりもなく海の藻屑《もくず》と消えたのである。

古代の通常の航海では、丸木《まるき》をくりぬいてつくった丸木舟が用いられ、驚くべきことに、丸木舟という基本型は、中世まで捨てられることはなかった。

丸木舟が侮《あなど》れないのは、高波で船が転覆《てんぷく》しても、けっして沈まないという、船舶《せんぱく》として理想的な機能をもっていた点にある。ひっくり返った丸木舟をもとに戻せば、どのような嵐のなかでも、どこかに漂着する望みは残されたのである。

それはともかく、邪馬台国やヤマト誕生を考えるうえで、流動化する東アジア情勢を無視することはできず、三～四世紀にかけて、日本だけではなく、半島のあちこちで、百済《くだら》・新羅《しらぎ》・伽耶《かや》といった国々が誕生していったのは、中国大陸の混乱が〝東夷《とうい》〟の国々の建国への気運をもたらし、また、外圧に対抗するために、強い王権が求められていった結果であろう。地域内の紛争を収拾しない限り、他に食われてしまうという切羽《せっぱ》詰まった状況にあったのである。

倭の五王の登場

ところで、ヤマト朝廷の誕生ののち、五世紀に入ると、倭国は国力を充実させ、朝鮮半島に兵を送り込み、中国側から多くの称号を獲得するまでにいたる。いわゆる倭の五王《ごおう》がそれで、『宋《そう》書《じょ》』倭人伝には讃《さん》・珍《ちん》・済《せい》・興《こう》・武《ぶ》の名が見え、武の時代には、「自ら使持節都督倭《しじせつととくわ》・百済・新羅・任那《みまな》・加羅《から》・秦韓《しんかん》・慕韓《ぼかん》七国諸軍事、安東《あんとう》大将軍、倭国王と称す」とあるように、ずいぶんと派手な称号を自称し、宋の側も、百済の二文字だけを抜いて、倭王武の称号を追認している。

また、四世紀末から五世紀初頭にかけて、実際に倭が半島に兵を進めていたことは、高句麗《こうくり》の好太王《こうたいおう》（広開土王《こうかいどおう》）碑で確かめられる。

それによると、高句麗王・好太王（在位三九一〜四一二年）の時代のこと、本来高句麗に従属していた百済・新羅両国が、倭国の侵略に屈し、倭国に通じてしまい、高句麗を無視しているので、好太王は百済を攻め、服従させたという（西暦三九六年）。その三年後の三九九年には、倭軍が新羅に出兵し、新羅が高句麗に救援を求めたこと、さらにその三年後には、ついに五万の大軍をもって、好太王は新羅の倭国軍を攻め、大いに破り倭国は半島最南端の任那・加羅に逃げたという。また、西暦四〇四年、倭国の兵は再び北上し、帯方の近辺まで押し寄せたが、好太王はこれを退けたことなどが石碑に刻みこまれていたのである。

この四世紀末から五世紀初頭にかけての倭国の半島出兵と高句麗との戦闘は、日本側の敗北に終わったが、この出兵が中国大陸側に好印象を与えたことは間違いない。

西暦三一三年、中国側の出先機関、帯方郡の楽浪郡は高句麗によって滅ぼされ、しかも中国と北方騎馬民族国家の高句麗は、領土と国境をめぐってつねに対立していたから、倭国の奮闘ぶりは中国に伝わり、倭の五王の称号へとつながっていったにちがいない。

五世紀日本が半島出兵したわけ

それにしても、なぜ倭国は半島出兵を繰り返し、強大な高句麗と戦う必要があったのだろう。ひとつの理由は、伽耶《かや》から産出される鉄をめぐった利権争いであろう。『後漢書』東夷伝によれば、

国（伽耶）は鉄を出す。濊《わい》、倭、馬韓《ばかん》（のちの百済《くだら》）、並び従《したがい》て之《これ》を市《いち》す。凡《およ》そ諸貿易、皆鉄を以《もつ》て貨と為《な》す

とあって、伽耶では鉄が出るため、倭や周辺諸国がこの鉄を求めて集まったという。

同様の記事は、『三国志』魏志東夷伝にも載っている。

国（伽耶）は鉄を出す。韓《かん》、濊《わい》、倭《わ》、皆従《したがい》て之《これ》を取る。諸市買うに皆《みな》鉄を用う。又、以《もっ》て二郡（帯方郡・楽浪郡）に供給す

伽耶は鉄を産出し、倭や周辺諸国はこれを取り、交易には鉄を用い、帯方郡や楽浪郡にも流通していた、というのである。

鉄という金属が、古代社会にとっていかに重要な意味をもっていたかは、あらためて述べるまでもない。それは何ものにも勝《まさ》る武器となり、それまで耕せなかった荒地を開墾し、人々を平伏させる祭具となっていった。鉄の確保が国の基礎となりうるという点では、近代日本も同様であった。

高句麗には、つねに半島南部に進出しようとする野望があり、百済と新羅は脅威《きょうい》にさらされ、領土はしだいに狭《せばめ》られていったから、この両国も、心太《ところてん》式に南下した。最南端の伽耶はこれを跳ね返そうと必死だったが、倭はこの伽耶を救援するために、高句麗を攻め、新羅を包囲した。こう考えると、半島派兵の辻褄《つじつま》が合ってくる。

つまりは、すべてが伽耶の鉄が目当てである。

三世紀半ばから後半にかけて、ヤマトの地に王権らしきものが誕生したのも、伽耶の鉄をめぐる争奪戦に備える必要があったからと解釈することもできる。

また逆に、倭国が半島に大軍を送り込むことができたということは、同様に半島の諸国が日本に兵を送り込むこともけっして絵空事《えそらごと》ではなく、その場合、防衛を考えるうえで、北部九州に代表される日本海側、つまり古代の表日本は、しだいに王権の安住の地とはいいがたいものに化していったにちがいない。

交易には適していたとしても、敵の攻撃をまともに食らう恐れがあったからである。

その点、ヤマトは四方を山に囲まれ、しかも、九州方面から押し寄せるであろう他国の船団は、瀬戸内海を通過しなくてはならない。潮の流れが複雑で小島が点在する瀬戸内海は、守る側に地の利がある。

倭国はこの内海に敵を誘い込み、水際で殲滅《せんめつ》することもできたであろう。そして、これに加えて、瀬戸内海を乗り越えられても、ヤマトに入るには、生駒《いこま》・葛城《かつらぎ》山系という〝城壁〟を攻略しなければならなかった。

このように、神武《じんむ》天皇をして国の中心に最もふさわしいといわしめた〝ヤマト〟の利点は、まず第一に、この強い防衛力に負うところが大きかったはずである。

そして、ヤマト建国と倭国の半島出兵、鉄の利権争いは、同一の戦略上に位置していたのではないかと疑われるのである。

邪馬台国論争を語る前に、長々と東アジア情勢と倭国の関係を述べてきたのは、ヤマト建国がけっして偶然ではなく、ある目的と時代の要請を受けたものであったこと、そして、いくつかに分かれていたであろう国々がまとまらねばならぬ国際情勢があって、その結果、ヤマトの地が必要になったことを、まず確認しておきたかったからである。

そして、ここで初めて、二〜三世紀の邪馬台国がどこにあって、それがどのような形で〝ヤマト〟になっていったのか、あるいは邪馬台と〝ヤマト〟の間には、まったく連続性はなく、別々の国であったのか、これらの謎を究明する必要が出てくるのである。

そこでいよいよ、邪馬台国論争を考えてみたい。

邪馬台国への道のり

それにしても、『魏志』倭人伝に行程が示されていながら、なぜいまだに邪馬台国は明確な位置を特定できず、考古学を巻き込んだ大論争に発展してしまったのだろうか。

そこでしばらく、『魏志』倭人伝の邪馬台国への道のりを追ってみることにしよう（『魏志』倭人伝　石原道博編訳　岩波文庫）。

まず『魏志』倭人伝は、

倭人は帯方《たいほう》の東南大海の中にあり

と前置きをしたあと、その詳しい行程を載せている。

郡（帯方郡）より倭に至るには、海岸に循《したが》って水行（航海）し、韓国を歴《へ》て、乍《あるい》は南し乍《あるい》は東し、その北岸（海から見て北方の）狗邪韓国《くやかんこく》（のちの伽耶《かや》付近、半島最南端）に到る七千余里

つまり、ここまでが帯方郡から朝鮮半島最南端に至る行程である。ここからいよいよ日本海を渡って行く。

始めて一海を度《わた》る千余里、対馬《つしま》国に至る。（中略）また南一海を渡る千余里、名づけて瀚海《かんかい》（対馬海峡）という。一大国（一支国・壱岐）に至る。（中略）また一海を渡る千余里、末盧《まつら》国（肥前・松浦郡、現在の唐津《からつ》付近）に至る

これでようやく九州北部に上陸したことになる。

このあたりまでは、まさしく現代の地図と記述がぴったりと一致していることがわかる。末盧《まつら》国で初めて船を下り、ここからは徒歩で行く。

東南陸行五百里にして、伊都《いと》国（糸島郡深江付近）に到る。（中略）東南奴《な》国に至る百里

現代の大都市博多に到着である。この『魏志』倭人伝の、博多までの記述は疑う余地がない。問題が起きるのは、この博多（奴国）から先といわれている。

東行不称《ふみ》国に至る百里。（中略）南、投馬《つま》国に至る水行二十日。（中略）南、邪馬壱国（邪馬台国）に至る、女王の都する所、水行十日陸行一月

これが問題の一節であった。邪馬台国をめぐる謎は、この短い記事をどう読むかにかかっているといっても過言ではない。

博多（奴国）から先、不弥国までは百里、さらに南の投馬国へは船に乗って二十日、また女王卑弥呼の都・倭国の首都邪馬台国へは、船で十日、歩いて一月かかる――不可解なのは、帯方郡から奴国までの行程が明確な法則にのっとって里数で表示されていたものが、ここから先、最も重要な行程を日数計算という曖昧《あいまい》なかたちで記録していることである。しかも、その日数は、どう考えても辻褄が合わない。

この記述を素直に読めば、邪馬台国は九州北部から南方へ船で十日、プラス歩いて三十日ということになる。これではいくら道の整備されていない時代のこととはいえ、九州本土をはみ出し、太平洋の真《ま》っ只中《ただなか》に水没するのは必定《ひつじょう》である。

邪馬台国論争のはじまり

そこで当然のことながら、『魏志』倭人伝をめぐって、喧喧囂囂《けんけんごうごう》たる議論が沸き上がることとなる。

邪馬台国がどこにあったのか、最も古く比定を試みたのは、八世紀『日本書紀』の編者であった。邪馬台国の時代を、ヤマト建国後の神功皇后《じんぐうこうごう》の時代に重ねたのだから、邪馬台国を畿内の〝ヤマト〟と解釈していたことになる。

こののち、鎌倉時代末期には、『釈日本紀《しゃくにほんぎ》』という『日本書紀』の注釈書のなかで、邪馬台の名称は、〝ヤマト（大和・倭）〟の音《おん》と通じるという説が出て、これ以降、神功皇后＝卑弥呼、邪馬台国＝ヤマト説は定説となってゆく。

ところが、江戸時代、少し雲行きが変わってくる。

新井白石《あらいはくせき》によって、邪馬台国をめぐる問題は、『日本書紀』ではなく、『魏志』倭人伝に頼るべきだとする説が唱えられていた。そして、『魏志』倭人伝に記された邪馬台国までの行程を、古典に登場する古い地名に順々にあてはめる作業が行なわれたのである。

この結果、新井白石は、邪馬台国が筑後《ちくご》国山門《やまと》郡であったと推理した。さらに新井白石のユニークなところは〝ヤマト〟と邪馬台国は同時に存在した二つの別々の国であったとした点にある。すなわち、三世紀の邪馬台国は、ほんとうは畿内《きない》のヤマトにあったのに、九州の〝山門〟の土着の首長が勝手に倭国王を自称し、魏を騙《だま》したという〝偽僭説《ぎせんせつ》〟である。

一方、本居宣長《もとおりのりなが》は国学者の立場から、『古事記』を重視し、中国側の史料に疑いの目を向けている。熊襲《くまそ》が天皇家の威を勝手に利用し、〝ヤマト〟と自称し、中国と交流をもとうとしたとする。

このような説は、意外にも明治時代初頭まで通用し（とはいっても、偽僭説はいまとなってはかえって新鮮で、実をいうと、私見もこれに近い考えをもっている。詳述はのちほど）、邪馬台国をめぐる謎解きに一大転機が訪れ、科学的論議が起きるのは、明治四十三（一九一〇）年のことであった。

この年、今日の邪馬台国論争の発端となる重要な二つの説が出された。邪馬台国畿内説を京都大学の内藤虎次郎が、同じく九州説を東京大学の白鳥庫吉が唱えたのであった。

二つの説は、それまで疎《おろそ》かにされてきた邪馬台国までの行程を、論理的に、精密に組み立てなおすという点で画期的であった。ただ惜しむらくは、東京大学の九州説対京都大学の畿内説という、二つの学閥《がくばつ》という悪弊を残すきっかけにもなってしまったことである。

それはともかく、二人の邪馬台国論は、基本的に『魏志』倭人伝の記述を素直に読むと、かならず日本列島を飛び越えてしまう不条理を、わずかな文面のなかから正そうとする試みであった。

畿内説・九州説二つの流れ

ヤマト説の内藤虎次郎は、『魏志』倭人伝にいう不弥《ふみ》国から邪馬台国への行程、南へ水行十日、陸行一月は、実際には南ではなく、これは『魏志』倭人伝の誤りで、ほんとうは〝東〟だったという。その証拠に『後魏書《ごぎしょ》』などの中国側の史料には、東南であるところを東北と記すなど、方位を誤る例が散見できるというのである。

したがって、北部九州から南とあるのを東となおし、水行十日、陸行一月として読みなおせば、邪馬台国はちょうど畿内のヤマトにたどり着くというのである。

さて、では九州説をとる白鳥庫吉は、この南へ水行十日、陸行一月をどう考えたのであろうか。白鳥庫吉は、まずこの無謀な行程を思考からはずし、ほかに邪馬台国の位置関係を決める手がかりはないかと考えたのである。そしてたどり着いたのは、一種の算術であった。『魏志』倭人伝には、帯方郡を出て北部九州から不弥国に至るまでの行程を、方位と里数で示している。そこですべての里数を足すと一万七百里になる。

一方、『魏志』倭人伝には、それまで見落とされていた重大な証言があったことを白鳥氏は指

摘した。すなわち、

　郡より女王国に至る万二千余里

とあり、帯方郡から邪馬台国までは一万二千余里、ということになる。

帯方郡から邪馬台国までの距離一万二千と、同じく帯方郡から北部九州の不弥国までの里数の総和一万七百里を引くと、その答えは千三百里になる。とすれば、北部九州の不弥国から邪馬台国までは千三百里であったという計算になる。

では、この千三百里とは現代のメートル法になおすとどれほどの距離なのか。

魏の時代の一里は約四〇〇メートルだから、千三百×〇・四キロメートルで、五二〇キロメートルとなる。ところが、帯方郡から不弥国に至る『魏志』倭人伝の記述を調べてみると誇張があって、実際の距離を導き出すには、約四分の一に割り引かなければならない。

そこで、千三百里を計算しなおすと、不弥国から邪馬台国までは約一三〇キロメートルとなり、これで十分九州のどこかにおさまることになる。そして、問題の南へ水行十日、陸行一月の〝一月〟は、〝一日〟の間違いと考えることで、整然と説明がつくと考えたのだ。

ここに、邪馬台国論争の基礎は築かれ、以後形を変え、補足が加えられながら、東京大学の九州説、京都大学のヤマト説となって今日にいたったのである。

そこで、両者の言い分をおおまかにまとめるとつぎのようになる。まずは畿内説。

a.『魏志』倭人伝の「南へ水行十日、陸行一月」を素直に読むと、九州を飛び出してしまう。そこで、南を東の誤りとすれば、ちょうど畿内にたどり着く。

b.「邪馬台」はヤマトで、倭・大和と訓《よ》みが同じ。

c.『魏志』倭人伝のなかで、卑弥呼は魏から百枚の銅鏡を授けられたとしているが、景初三年銘の三角縁神獣鏡が畿内から集中出土する。

これに対し、九州説はつぎのようになる。

a.『魏志』倭人伝に描かれた、帯方郡から邪馬台国までの方位、距離、道程、日数を考えると、邪馬台国以下二十九国は、すべて九州にあったことを示している。

b.倭人伝に登場する国名は、九州の古い地名と合致し、また、九州にも「ヤマト」という地名がある。

c．吉野《よしの》ヶ里《り》遺跡にみられるように、九州の高い文化性は畿内に勝《まさ》るとも劣らない。

この結果、一般的には、考古学を重視すれば畿内説、文献を重視すれば九州説といわれるようになった。

『魏志』倭人伝を読むかぎり、邪馬台国は九州であったと考える方が妥当《だとう》であるが、その一方で、鏡や古墳、纏向《まきむく》遺跡など、『魏志』倭人伝の邪馬台国と同時代の重要な遺跡がヤマトに集中していることを考えると、ヤマトがふさわしいということになる。

邪馬台国東遷論とは

考古学を重視すれば畿内説、文献を重視すれば北部九州説が有利なのならば、もうひとつの可能性が残される。それは、畿内と北部九州、どちらにも国家の核になりうる勢力が存在していて、覇を競っていたという発想である。

これに少し似ているのが、邪馬台国東遷《とうせん》論ではなかろうか。この考えは、もともと邪馬台国北部九州論者が盛んに述べていたものだが、北部九州とヤマトが合流することによって、ヤマトが完成したと言い直すことも可能なのではなかろうか。天皇家がはじめ九州にいて、のちにヤマトに移ったとする『日本書紀』の証言とも、符合するからである。

そこで、邪馬台国東遷論の骨子を、安本美典氏の『邪馬台国への道』(徳間書店)から抜粋《ばっすい》すると、おおよそつぎのようなものになる。

a．年代的にみて、『古事記』『日本書紀』の伝える天照大神の活躍の時期は、卑弥呼の時期に重なる。

b．卑弥呼も天照大神も、ともに女性で、シャーマン的で、宗教的権威をもち、夫がなく、男弟がある。

c．卑弥呼の名は「オホヒルメノミコト」「日《ひ》の御子」「日の巫女《みこ》」「姫尊《ひめのみこと》」などと関係がありそうだ。

d．神武東遷伝承、「国家を統一する力が九州から来た」という物語の中核は、『記・紀』編者の作為にもとづくものではないであろう。

e．邪馬台国の〝邪馬台〟とヤマト朝廷の〝ヤマト〟の名称が共通している。ヤマトが邪馬台を継承したと思われる。

f．卑弥呼の女王国もヤマト朝廷も、国号は〝倭〟で一貫している。ここに、王国の連続性が見られる。

g．魏代から隋《ずい》代にいたるまで倭国は連続的にとらえられ、邪馬台はヤマトと考えられていた。

h．『古事記』『日本書紀』の神話が架空とすれば、なぜ九州地方に多くのページを割いたのか、必然性が説明できない。

これが邪馬台国東遷論の代表的な推理である。

崩れ去る邪馬台国東遷論

こうしてみてくると、邪馬台国東遷論は、いまだに輝きを失っていないように思えてくるし、私見もかつては、この考えを支持していた。これまで述べてきたように、「渡来系倭人の王」が北部九州から東に移ってヤマトの王になったという単純な図式を描きやすかったからである。

だが、考古学は、邪馬台国東遷論を根底から否定してかかる。というのも、邪馬台国建国の前後、北部九州からヤマトへと人々が移動した痕跡がないからなのである。

しかもこの時代の文物の流れが、「東から西」であったことも分かっている。邪馬台国東遷論のいう、「九州からヤマト」ではなく、実際には、新たな潮流がヤマトで生み出され、それが北部九州に流れ込んでいたのである。

それだけではない。弥生時代の西日本にはいくつもの勢力が分立していたが、「銅鐸《どうたく》」と「銅《どう》剣《けん》（矛《ほこ》）」の文化圏という視点からみれば、ほぼ北部九州と畿内の二大勢力を想定することが可能だった。もちろんだからこそ、邪馬台国論争は、「畿内か北部九州か」で争われてきたわけである。

ところが、ここで、思わぬ伏兵が現われる。それが「出雲」なのである。二十年ほど前、出雲から、大量の銅鐸がみつかったことで、邪馬台国論争は振り出しに戻されたと言っても過言ではない。

九州の天皇家が東遷したという邪馬台国北部九州説や邪馬台国東遷説、あるいは、邪馬台国はもともとヤマトにあったとする邪馬台国畿内説、どちらの説をもってしても、「出雲」というもう一つの謎が出現したために、弥生時代後期からヤマトへの移行を、十分説明しきれなくなってしまったのである。実在しないと思われてきた出雲から、畿内や九州を上まわる銅鐸や銅剣が出土し、ヤマトと九州という二大勢力を前提とした邪馬台国論争は、通用しなくなってきたからだ。
たとえば、邪馬台国の時代のヤマトには、出雲の土器が流入し、逆に北部九州には、ヤマトと山陰（出雲）の土器が流入している。出雲が邪馬台国とヤマト建国に何らかの影響を及ぼしていたことは間違いない。

つまり、「出雲の出現」によって、北部九州の強い王が東に移動してヤマトを建国したという発想は、もはや時代後れになってしまったのである。

ならば、これまで述べてきた「倭人王としてのヤマト王」「渡来系の王権＝ヤマト王」という単純なくくりも、通用しなくなってしまったということになる。

では、出雲とは何か、邪馬台国論争はどのような影響を受けるのか、次章で追ってみたい。

第3章

ヤマトの王は崇る日本海

荒神谷遺跡の大発見

それは、どこにでもある農道建設予定地であった。はじめ、そこを掘った島根県文化課の職員ですら、のちに考古学界を震撼《しんかん》させるような青銅器が出てこようとは、夢にも思わなかったにちがいない。

道路予定地から南にややはずれて窪《くぼ》みがあり、いかにも遺構が隠されていそうな雰囲気《ふんいき》があったただけらしい。たぶん、長年地道な発掘に携わった者の直感だったのだろう。

一九八四年七月、島根県簸川《ひのかわ》郡斐川《ひかわ》町の暑い夏のはじまりであった。

最初は七本、驚いて掘り進めると四十三本、百本と、尽きることがないのではないかと思われるほどの銅剣が、まさに地から湧くように出てくる。結局、ここだけで、なんと三百五十八本の銅剣が二千年の眠りから覚めたのである。これが、荒神谷《こうじんだに》遺跡の出現であった。

この数字がいかに驚異的であったかというと、それまでに全国で発掘された銅剣の総数が三百本余りであったから、たった一ヵ所の遺跡から、日本じゅうで発見された銅剣の数を上回ってしまったことになる。

さらにその翌年、こんどは〝数〟ではなく、もっと別の意味で、常識はずれの発見へとつながってゆく。本来いっしょに埋められるはずがないと考えられていた銅鐸《どうたく》六個と銅矛《どうぼこ》十六本が整然と並べられたかたちで土中から出てきたのである。

この発見で震え上がったのは、考古学者だけではなく、一般の史学者たちも同様であった。彼らは、〝出雲《いずも》〟がたんなるおとぎ話であり、また、『日本書紀』が反対概念として創作した神話にすぎないと断定してきたからである。

確かめられた出雲の実在性

ただ、これはしかたのないことであった。荒神谷以前、出雲で発見された代表的青銅器といえば、一九七二年、島根県大原郡加茂《かも》町の神原《かんばら》神社古墳から出土した、〝景初《けいしょ》三年〟と刻まれた三《さん》角縁神獣鏡《かくぶちしんじゅうきょう》ぐらいのものだったからだ。物証がない以上、神話が現実であったと推理するのは、たんなる空想にすぎないことだからである。

そして、当然のことながら、弥生時代から邪馬台国、ヤマト朝廷にいたるシナリオにも、〝出雲〟という要素はほとんど組み込まれることはなかった。しかし、この発見によって、出雲の実

大量の青銅器がみつかった荒神谷遺跡（島根県簸川郡斐川町大字神庭）

在性がにわかに信憑《しんぴょう》性を帯びてきたのである。

しかも、この発見に追い打ちをかけるように、一九九六年、荒神谷遺跡からほど近い（といっても三キロ離れているが）島根県雲南市加茂町の加茂岩倉《いわくら》遺跡で、一つの遺跡から一度に三十九個もの銅鐸が出現したのである。

これまで、一つの遺跡から発見された銅鐸で最大数は、滋賀県の大岩山遺跡の二十四個であり、銅鐸文化の中心であるはずの奈良県の銅鐸の出土総数は二十個弱であったから（もっとも奈良県は銅鐸出土が意外に少なく、近畿では兵庫県の六十個強が最多）、この出雲の銅鐸の発見は、再び常識を覆《くつがえ》してしまったのである。

〝数〟という点に関していえば、弥生時代の青銅器文化の中心は出雲になるわけで、畿内と北部九州の異なる青銅器、銅矛、銅鐸の二大文化圏という図式は、完璧《かんぺき》に崩壊してしまうのである。

もちろん、今後考古学の進展で、より多くの青銅器が他の地域から出土する可能性が残されているから断言はできないにしても、現段階という限定が許されるならば、〝出雲〟は日本一の青銅器文化の地であり、弥生時代後期には巨大な首長墓も造営されていたことからも、「出雲はそこにあった」ことが明らかになったのである。

ところで、銅剣、銅鐸の発見によって出雲の実在性が確かめられてみると、もう一つ厄介な問題が浮上してきたのである。

というのも、出雲が侮《あなど》れない勢力であったとすれば、ヤマト建国に出雲が重要な役割を担《にな》っていた可能性が出てきたからである。そして、その証拠が、ヤマトを中心に出現した前方後円墳だった。

そこで、銅鐸をめぐる謎をしばらく離れ、前方後円墳と出雲、この出雲とヤマト建国とのかかわりについて考えておきたい。

銅鐸が出雲の実在性を世に知らしめたとすれば、前方後円墳と出雲とのかかわりは、これまで語られることのなかった出雲の実像と、ヤマト建国の真相を物語る、貴重で、けっして動くことのない証拠となってくるのである。

前方後円墳は日本の〝弥生時代〟に発生

前方後円墳といえば、造営面積という点では、世界最大の大きさを誇る古代遺跡として知られる。周囲に広大な掘をめぐらせ小高く盛り上がったその雄姿《ゆうし》は、まるで山であり、鬱蒼《うっそう》と繁った森が、長く禁足《きんそく》の地であったことをいまに伝えている。

ところで、この前方後円墳が日本で生まれたのではなく、その発祥《はっしょう》は朝鮮半島に求められると騒がれたことがある。

昭和五十八（一九八三）年、韓国南部の慶尚南道《けいしょうなんどう》固城《こそん》郡の松鶴洞《そんはくとん》一号墳（舞妓山《むぎさん》古墳）や、やはり半島南部の全羅南道《ぜんらなんどう》海南郡の長鼓山《ちゃんごさん》古墳が、日本の前方後円墳の元祖であると、姜仁求《かんいんぐ》氏によって発表された（ちなみに、前者の全長は六六メートル、後円部の直径三六・五メートル、高さが約五メートル。後者の全長は七七メートル、後円部直径四四メートル、高さ一〇メートルであった）。

そしてその後、やはり半島南部からいくつもの前方後円墳（あるいはそれに類似したもの）の発見が伝えられ、一時耳目《じもく》を引いたものである。

しかし、それらの多くが五世紀代のものであったこと、そして、古いものでも四世紀どまりで、〝古さ〟という点では、やはり日本のほうが先であったと考えられるようになった（韓国側はそう簡単に結論を出すつもりはないだろうが……）。

ところで、この韓国の古墳が日本の前方後円墳の源流であったのではないかという問いかけに対し、近藤義朗氏は、『前方後円墳と弥生墳丘墓』（青木書店）のなかで、興味深い指摘をしている。

つまり、前方後円墳が朝鮮半島ではなく、日本で発生したと思われるのは、朝鮮半島には〝弥生時代がなかったから〟とするのである。

もちろん、朝鮮半島の稲作文化と金属器文明は日本よりも古く高度であり、日本にも多大な影響を及ぼしたが、ここにいう、〝弥生時代〟とは、日本の風土のなかで培《つちか》われた人々の営みをさしている。

つまり、前方後円墳という特殊な文化は突発的に発生したのではなく、弥生時代から徐々に熟成されるように完成に近づいていったのである。そして興味深いのは、前方後円墳はヤマトで発生するが、これを構成する要素は、西日本のいくつかの地域から集まっていることである。吉《き》備《び》、出雲、ヤマト、北部九州である。

縄文時代の埋葬文化

さて、そこで、これから四つの地域の〝墓〟の特性について少し述べようと思うが、その前に、歴史や文化は断絶しないという視点に立てば、縄文人の墓にも言及しておかなければならない。

縄文時代の埋葬文化といえば、手足を曲げて土中に葬《ほうむ》る屈葬《くっそう》をすぐに思い浮かべるが、彼らの墓に対する思い入れと執着《しゅうちゃく》は、想像以上に大きかったようだ。

土を掘って人を埋葬する風習は、すでに縄文時代からあった。考古学ではこれを土壙墓《どこうぼ》というややむずかしい言葉を使う。縄文人たちは、この土壙に屍《しかばね》を樹皮にくるみ、また石で周囲を囲んで棺《かん》のようにして埋葬したりもした。

この土壙墓のなかには、弥生時代の墳墓に勝《まさ》るとも劣らない規模をもった代物《しろもの》まであった。たとえばそれは、環状列石《かんじょうれっせき》（ストーンサークル）である。

縄文後期につくられたとされるこの遺跡は、大きいもので直径が三〇メートル、小さいもので四～五メートルの円（楕円《だえん》の場合もある）のなかに、規則的に石を並べたもので、祭祀《さいし》用の遺跡とも、墓地ともいわれた謎の遺跡であった。

縄文人の墓か？　大湯のストーンサークル（秋田県鹿角市）

しかし、近年の調査で、遺跡の下に土壙が見つかり、そこに高等動物の痕跡《こんせき》（残存脂肪）が確認され、縄文人の墓であった可能性が高まったのである。

ちなみに、このストーンサークルは、北海道忍路《おしょろ》三笠山や秋田県大湯《おおゆ》などが有名だが、やはり北海道には、環状土籬《どり》とよばれる巨大な埋葬施設の存在が知られている。地面を円の形に掘った土をそのまま周囲の堤《つつみ》として、その中に五〜二十基程度の墓を集めたもので、やはり縄文後期後半ごろの代物とされている。

驚くべきはその大きさで、最大のもので外径七〇メートル、内径三〇メートル前後もあり、また堤の高いもので五メートルである。このような巨大な堤のため、以前は、アイヌ民族の砦《とりで》と考えられていたほどで、これをつくるには、小さな前方後円墳をつくるのと同程度の仕事量を要するとさえいわれている。

このような巨大墳墓の誕生が、縄文時代、しかも北海道であったことは興味深いが、これらの埋葬文化が弥生時代に受け継がれていったのかどうかは、いまのところはっきりとわかっていない。だが、高度な縄文文化と技術力の高さに、あらためて感心させられるのである。

それでは、こののち、弥生時代の埋葬はどのような変遷《へんせん》をたどってゆくのだろうか。

北部九州とヤマトの墓

弥生時代の〝墓〟の変遷には、大きく分けて二つの流れがある。これは、銅鐸と銅矛の二大文化圏同様、北部九州とヤマト周辺で、別々に発達を遂げている。

北部九州が大陸や半島の影響を受けつづけたのに対し、ヤマト周辺の墓は、独自性を持っている。ただし、副葬品には、北部九州のような国際性や華やかさはなく、しかもその量は極端に少なく貧弱だった。

北部九州の副葬品が豪奢だったのは、半島に近く、弥生時代の最先端地域だったからである。この地では、すでに弥生前期、稲作の伝播《でんぱ》とほぼ同時に、中国東北部や朝鮮にみられる〝支石《しせき》墓《ぼ》〟（支石墓とは、上蓋に当たる巨大な石を、数個の石で支えた墓で副葬品はほとんどなかった）や、〝箱式石棺《せっかん》〟〝土壙墓〟〝木棺墓〟（土を掘って埋めたのが土壙墓で、これに木棺を用いたのが木棺墓、ということになる）が出現し、これらが、系統のちがうそれぞれの渡来人が独自に営んだものと考えられている。

ちなみに、支石墓という外来の墓制は北部九州の地で盛んになって四国西部まで伝播したが、その後廃《すた》れてゆく。

そして、この地域の弥生社会の発展とともに、弥生前期末ごろから、甕棺墓《かめかんぼ》が登場してくる。

甕棺は、いわゆる大きな土器の棺で、これが中国や半島からの伝播なのか、あるいは縄文時代の小児甕棺から発達したものであったのか、いまだにはっきりとした答えは出されていないが、少なくとも、銅剣や銅矛などの装飾品が甕の内や外に副葬されていたことが画期的なのであった。このの ち、銅剣や鏡などの青銅器の副葬品が北部九州の墓制の特徴となってゆくのである。

そして、『魏志《ぎし》』倭人伝《わじんでん》にみられる末盧国《まつらこく》や伊都国《いとこく》、奴国《なこく》などの北部海岸地帯では、階級の差が生じたと思われる「核をなす墓」が顕著な形で現われ出し、これが邪馬台国《やまたいこく》（九州説をとればだが）へとつづいていき、『魏志』倭人伝にいう卑弥呼《ひみこ》の墓、径百余歩の墓へと移っていったと思われる。

ちなみに、弥生時代後期の初めごろ、北部九州の最大の特徴である副葬品が貧弱になり、ほとんどなくなることがわかっている。倭国《わこく》大乱によって北部九州が没落したのかどうか、詳しいことはわかっていないが、このころ、なにか劇的な変化が起きていたであろうことは想像にかたくない。

では、北部九州以外の地ではどうだったのかというと、弥生時代前期に、近畿地方で方形周溝墓《ほうけいしゅうこうぼ》が現われた。方形周溝墓とは、読んで字のごとく、方形（四角形）の墓で、一辺一〇〜二〇メートル前後の溝《みぞ》が施され、少し高くなった方形部に死者を埋める墓だ。農耕共同体の首長が埋葬された墓で、その周囲を多数の土壙墓が囲む例もある。

この方形周溝墓は、弥生時代中期には、西日本だけではなく、東国社会にも広く普及していったのである。ただ、この方形周溝墓には、北部九州にあるような副葬品はなかった。

出雲に出現した四隅突出型墳丘墓

では、吉備《きび》はどうであろうか。

吉備が特殊なのは、弥生時代を代表する方形周溝墓や北部九州の副葬という文化をほとんど受けつけなかったことにある。

その一方で、弥生時代後期の中ごろ過ぎ、独自の墳丘墓《ふんきゅうぼ》をつくり、のちに前方後円墳に多大な影響を及ぼす祭具が現われる。

それは、高さ一メートルもある特殊器台形《とくしゅきだいがた》土器や特殊壺形《とくしゅつぼがた》土器で、これは墳丘墓の上で、首長霊との共飲共食の祭祀に使われたものである。

さて、最後に残ったのは出雲である。

出雲では、一世紀の終わりごろから二世紀、つまり弥生時代中期末から後期ごろに、四隅突《よすみとっ》出型《しゅつがた》という独特な形の墳丘墓が現われる。これは、四角形の墳丘墓の隅が突出したうえで末広がりになったもので、上から見るとヒトデのような形に見える。興味深いのは、すでにふれた出雲の銅鐸や銅剣が弥生中期のもので、地中に埋められたのが四隅突出型墳丘墓の出現とほぼ同時であった可能性が高いことにある。

独自の墳丘墓が完成したとき、青銅器は消されたのであろうか。

一説に、このとき、出雲に海の外から征服者が来て、古い祭祀用具の青銅器を捨てたとか、あるいは土着の人々が略奪に備え、これを隠したともいわれる。

また、こんな考えもある。強力な首長が育ったことによって、それまで地域ごとに行なわれていた祭祀が、この首長の手で独占されるようになり、この過程で青銅器は地中に埋められたのではないか、というのである。どちらかといえば、後者の推理が正しいと思われる。

それはともかく、四隅突出型墳丘墓のもう一つの特徴は、墳丘墓の横の斜面におびただしい量の〝貼石《はりいし》〟が一面に施されている点で、これは高句麗《こうくり》の墓制に似ているともいわれている。

前方後円墳を形づくる四つの地域

さて、こうして見てくると、弥生時代の埋葬文化が、先にあげた四つ、ヤマト（この場合、近畿地方から各地に広まった方形周溝墓の起点という意味で）、吉備、出雲、北部九州のそれぞれの文化圏に分かれていたことがわかるはずだ。それでは、こののち、弥生時代の終焉《しゅうえん》、いわゆるヤマト誕生と古墳時代の到来後、これらの四つの文化圏の墳墓様式はどうなってゆくのであろうか。

不可解なことに、前方後円墳の出現とともに、すべての地域でほぼ姿を消してしまうのである。そして驚くべきことに、これら四つの風習を一つにまとめたのが、〝前方後円墳〟だったようなのだ。

出雲で巨大化した四隅突出型墳丘墓（鳥取県・妻木晩田遺跡）

たとえば前方後円墳には一面に葺石《ふきいし》が施されていたことが知られるが、これは、出雲の四隅突出型墳丘墓の斜面に敷かれた貼石からきているとされている。

興味深いのは前方後円墳の本場となってゆくヤマトである。この地が前方後円墳に与えた影響は他の地域に比べて少なかったようなのだ。それは、方形周溝墓の〝溝〟が、前方後円墳の堀となったぐらいだろうというのである。

では、北部九州の場合はどうであろうか。

北部九州の特徴は、なんといっても豪華な副葬品にあった。鏡や銅剣、銅矛、玉類など、北部九州に匹敵する副葬品は、他に例がなかった。

ところが、前方後円墳が造営されるようになると、なぜかヤマトで副葬品という風習がはじまったのである。

前方後円墳の副葬品には決まりごとがあるという。それは、⑴中国鏡（三角縁神獣鏡が中国製であるかどうか疑わしいから、ここでは、〝もどき〟と注を入れるべきかもしれないが）をたくさん、これみよがしに入れること、⑵鉄や銅の刀、剣、槍、弓矢の鏃《やじり》などの武器を入れる、⑶大工道具、農具などの生活用具を入れる、の三つであった。

繰り返すが、このような風習はそれ以前のヤマトにはなく、北部九州の専売特許であった。そして吉備の場合、特殊器台形土器と特殊壺形土器による首長霊との共飲共食という祭祀があったが、やはり、前方後円墳は、この吉備の文化を引き継いでいる。

さて、弥生時代の埋葬文化にこれだけこだわってきたのは、前方後円墳が、弥生時代のいくつかの個性的な文化の集合体であったという事実を知ってほしかったためである。近藤義朗氏が、朝鮮半島に弥生時代がなかったから前方後円墳は生まれえなかったと考えたのは、これらのいくつもの要素を兼ね備えたもののみを〝前方後円墳〟と称するからである。

出雲の国譲りは史実だった？

前方後円墳を構成する要素の一つに、出雲が組み込まれていた事実は軽視できない。出雲は実在したのであり、ヤマト建国に大いにかかわっていたことは間違いない。

それではなぜ、『日本書紀』は、ヤマト建国に貢献した出雲を神話の世界に封印し、しかも出雲の国譲りという出雲にとって屈辱的な神話に仕立て上げてしまったのだろう。

じつは、神話の出雲の国譲りは、何かしらの史実をもとに構成された可能性が高い。というのも、ヤマト建国後の出雲の衰退を、考古学が証明しているからである。

弥生時代後期の出雲は、大量の青銅器を地中に埋めたあと、四隅突出型墳丘墓という首長墓を造営し、この埋葬文化は、日本海づたいに各地に伝播している。出雲がもっとも輝いていた時代といえよう。そして、四隅突出型墳丘墓の貼石《はりいし》が、ヤマトにもたらされ、前方後円墳の葺石《ふきいし》となったのである。

ところが、ヤマト建国に参画した直後から、なぜか出雲は衰退しているのである。

ヤマトに誕生した前方後円墳は、四世紀には各地に伝播し、同一の埋葬文化を共有するゆるやかな同盟関係が構築されていくが、なぜか出雲は、前方後円墳の造営をせず、方墳や規模の小さな前方後方墳（よく似ているが、前方後円墳ではない）を選択していく（あるいは前方後円墳の造営を許されなかった）。前方後円墳体制が確立されていくなかで、なぜか出雲は仲間はずれなのである。

『日本書紀』も、ヤマト建国後の出雲いじめを記録している。実在した初代王・崇神《すじん》天皇や垂仁《すいにん》天皇の時代、出雲の神宝を検校《けんぎょう》したという。これは、祭祀権の剥奪であり、政治を「マツリゴト（政事）」と呼んでいた時代、ヤマト朝廷の支配下に入る、ということでもある。

いったい、ヤマト建国と出雲の衰退を、どのように考えればよいのだろう。

そこで、ヤマト建国とはいかなる事件だったのか、前方後円墳以外の要素から、再確認しておきたい。

ヤマト建国が三世紀半ばから後半のことと考えられるようになったのは、この時三輪《みわ》山麓の纒《まき》向《むく》遺跡（奈良県桜井市）に、前方後円墳が誕生したからだった。また纒向には、吉備、出雲、東海、北陸から、続々と土器が集まって来たのである。

ここでひとまず問題となってくるのは、出雲ではなく、北部九州の動向である。

というのも、纒向遺跡から発見された北部九州の土器はごくわずかで、逆にこの時期北部九州には、山陰やヤマトの土器が流入しているのである。

北部九州といえば、弥生時代を通じて日本列島の最先端地帯であり、最も栄えた地域であった。しかも、北部九州の「豪奢な埋納文化」は、三世紀後半のヤマトにもたらされ、これが前方後円墳を構成する要素の一つになった。だが、ヤマト建国の前後、この一帯はむしろ衰退していたのである。

いったいこのとき、ヤマトと北部九州で何が起きていたのだろう。

ヤマト建国直前の西日本の動き

時代を少しさかのぼろう。

弥生時代後期の西日本では、奇妙な現象が起こっていた。弥生時代の鉄器は、北部九州がほぼ独占していた。鉄の産地・朝鮮半島にもっとも近く、壱岐、対馬という止まり木が、航海の安全を約束していた。このような地の利を生かして、北部九州は鉄器をため込んでいたのである。意外なことに、弥生時代後期のヤマトやその周辺は、致命的な鉄不足に悩んでいたほどなのだ。ところが、後期中葉あたりから、この鉄器の偏在に変化が起きている。出雲に鉄器が大量に流入し、次第に吉備も、鉄器を手に入れるようになった。こうして、出雲と吉備の二つの地域は、急速に勃興していくのである。

なぜ突然、出雲と吉備に、鉄器が流れ込んだのだろう。この謎を解く、一つの有力な考えがある。それは、北部九州が、「ヤマトに鉄を回さないために、関門海峡を支配し、流通を制限した」のではないか、というのである。もちろん、出雲や吉備にヤマト封じの片棒を担がせた、ということになる。

北部九州がヤマトの伸張を恐れたのは、ヤマトが瀬戸内海に向けて、天然の要害になっていたこと、ひとたびヤマトが勃興し、鉄器を手に入れれば、北部九州は太刀打ちできないと判断したからだろう。北部九州には地勢上のネックがあって、東側からの攻撃にすこぶる弱かったから、ヤマトを必要以上に恐れたのである（このあたりの事情は、本シリーズ『沈黙する女王の鏡』で詳述したので、言及は避ける）。

ところが、北部九州の目論見は裏目に出た。発展を遂げた出雲と吉備は、ヤマトに進出し、拠点を造り、北部九州を圧迫したからだ。北部九州が関門海峡を封鎖している以上、出雲と吉備は、北部九州に頭が上がらない。その状況を打破するために、天然の要害に都を造ったのであろう。これが、纏向遺跡の出現と考えられる。纏向に北部九州の参画が遅れたのは、当然のことである。

また、ここで注目しておきたいことがある。それは、纏向遺跡の出現の様子を、『日本書紀』が記録していた可能性が高いことなのである。というのも、神武東遷よりも早く、まず出雲の大物主神《おおものぬしのかみ》がヤマトに祀られていたと記録され、さらに、いずこからともなくニギハヤヒ

（饒速日命《にぎはやひのみこと》）なる人物が舞い降り、土着の首長・長髄彦《ながすねひこ》の妹を娶《めと》り、王として君臨していたという。ここに登場するニギハヤヒは、古代最大の豪族・物部氏の祖にあたる。

つまり、まずいくつかの首長たちがヤマトに集まり、最後の最後に九州からヤマトの王がやって来たという「順番」は、『日本書紀』と考古学とで、ぴったりと重なってくるのである。

出雲いじめをしていた「物部」の正体は「吉備」

ではこの後、なぜ「出雲」は衰弱していったのだろう。そして、この史実が、出雲の国譲り神話にすり替えられたのだとすると、それはなぜだろう。

ヒントを握っているのは、「物部氏」ではなかろうか。

「物部」は、謎だらけの一族である。

すでに触れたように、物部氏の祖のニギハヤヒは、ヤマトに舞い下り、王となって君臨していたという。ところが、神武天皇がヤマトにやってくると、なぜか、すんなり王権を禅譲《ぜんじょう》したという。その一方で、「物部」は、出雲の国譲りとも大いにかかわりをもっている。神話の中で出雲神たちを追いつめるのは経津主神《ふつぬしのかみ》や武甕槌神《たけみかづちのかみ》だが、経津主神は物部系の神とされている。さらに、歴史時代に入って出雲いじめに遣わされた人物も、物部系である。

神社伝承でも、ヤマト建国の直後の「物部の出雲いじめ」は語り継がれている。ニギハヤヒの子の宇摩志麻治命《うましまぢのみこと》が出雲を封じ込めるために、石見《いわみ》（島根県西部。出雲の西隣り）に拠点を構えたというのである。

ヤマトにいち早く舞い下り、ヤマト建国の基礎固めをし、その後出雲いじめに走った「物部」とは、何者なのだろう。『日本書紀』は、物部氏の祖のニギハヤヒが、「空から天磐船《あまのいわふね》に乗って舞い下りてきた」といい、「天津神《あまつかみ》」だったというが、正確な出自に言及していない。ニギハヤヒがどこからやってきたのか、まったくわからないのである。その物部氏は、なぜ神武天皇に王権を禅譲してしまったのだろう。そしてなぜ、出雲潰しの尖兵《せんぺい》となったのだろう。

そこで注目してみたいのが、「吉備」なのである。

『日本書紀』は、神武東征の直前、一番はじめに出雲から出雲神が、その次に、いずこからともなくニギハヤヒがヤマトに舞い下りていたという。また、最後の最後に、九州から神武天皇がやって来て、ヤマトが建国されたという。一方、纏向遺跡には、まず吉備、そして出雲、東海、北陸の土器が集まって来ていたのだった。しかも、吉備の土器だけが「生活のための土器」ではなく、祭祀に用いる最も貴重な代物であったという。また、ヤマト建国のシンボルである前方後円墳の原型は、まず弥生時代後期の「吉備」で造られた墳丘墓だったことが分かっている。

したがって、ヤマト建国の中心に立っていたのは、「吉備」であった可能性が高い。

すると、『日本書紀』は、ヤマト建国における「吉備」の活躍を黙殺していたことになる。神話も同様で、舞台は出雲と南部九州に限定され、「吉備」はまったく無視されたままだったのである。

ひょっとしてニギハヤヒは、吉備からヤマトに降臨したのではあるまいか。

前方後円墳で用いられた首長霊祭祀のための道具が、特殊器台形土器と特殊壺形土器で、これが「吉備」からもたらされた土器である。ヤマトの宗教儀礼は、吉備の土器と前方後円墳によって完成したのだが、物部系の文書『先代旧事本紀』によれば、ヤマト黎明期の宗教儀礼を整えたのは物部氏だったという。事実、天皇家は物部氏の祭祀形態を踏襲しているという指摘がある。「吉備」「物部」双方が、ヤマトの宗教儀礼とかかわりをもっていたのは、両者が同一だったからではあるまいか。

物部氏は、ヤマトではなく、河内に拠点を造っている。これは、瀬戸内海の流通を支配するための布石だろう。朝鮮半島↓北部九州↓瀬戸内海↓河内↓ヤマトの流通をおさえるために、河内は必要不可欠である。

六世紀には、物部守屋《もりや》が河内（大阪府八尾市）で滅亡しているが、その八尾市からは、三世紀

物部守屋と関わりの深い大聖勝軍寺（大阪府八尾市）

の吉備系の土器が大量に出土している。物部氏は、やはり「吉備」とつながっている。

ヤマト建国後の主導権争い

「吉備」と「物部」の利害は一致している。

ヤマト建国後に出雲いじめに遣わされたのは「物部」だが、「吉備」の名を冠する人物も、同様に出雲に遣わされている。これは、「吉備」そのものが「出雲」を敵視したことの暗示であろう。

「吉備」が「出雲」を邪険にしたのは、瀬戸内海の覇者である「吉備」にとって、日本海の流通を牛耳る「出雲」が邪魔だったからだろう。ヤマト建国後の主導権争いが起きていたとすれば、反目するのは、日本海と瀬戸内海である。

ヤマト建国の目的は、北部九州に独占されていた鉄器の流通の確保だが、いったんヤマトに国の中心ができ上がってしまえば、日本海（出雲）と瀬戸内海（吉備）は、政敵となる宿命を負っていたのである。

瀬戸内海の強みは、内海で多島海だったことにある。通年の運行が可能で、しかも、潮流が早い。潮の流れに身を任せば、艪《ろ》を漕がなくとも、船は進む。天候が悪化しても、島影に身を預ければよい。

これに対し日本海はどうだろう。真冬の航海は困難を極めただろう。しかし、朝鮮半島と直接往来ができるという利点がある。

二つの地域には、それぞれ長所と短所がある。一見して瀬戸内海側が優位に見えるが、一つだけ、アキレス腱があった。それは、もし「出雲」が「北部九州」や「越《こし》（北陸）」と手を組み、関門海峡を封鎖してしまえば、瀬戸内海はそれだけで死に体となることである。

もし、日本海側の諸勢力にその気はなくとも、吉備は疑心暗鬼になり、出雲潰しに走った可能性は高い。

ではなぜ、『日本書紀』は「ヤマト建国に活躍した吉備」や、「出雲潰しに走った吉備」の歴史を、正確に残さなかったのだろう。

じつはここに、ヤマト建国や邪馬台国をめぐる多くのヒントが隠されていたのである。

以下、ヤマト建国とはどのような事件だったのか、通説とは大いに異なる私見を披瀝《ひれき》しておかなければならない。ただし、ヤマト建国と邪馬台国の関係については、すでに本シリーズの『沈黙する女王の鏡』や『古代史謎解き紀行I〜V』（ポプラ社）のなかで述べているので、ここでは、その概要を説明しておこうと思う。

神功皇后というヒント

さて、『日本書紀』には、邪馬台国にまつわる貴重な記事が載っている。それは、第十四代仲《ちゅう》哀《あい》天皇の正妃《せいひ》・神功皇后の段に載る『魏志』倭人伝の引用記事である。八世紀の『日本書紀』編者は、邪馬台国を神功皇后の時代に比定し、さらには、神功皇后を「邪馬台国の女王・卑弥呼、あるいは台与《とよ》（壱与《いよ》）だった」といっていることになる。

もっとも通説は、この記事を無視する。というのも、ヤマト建国は第十代崇神天皇のこととしているため、第十四代天皇の皇后が、邪馬台国の時代であるはずがないからだ。また、神功皇后は、七世紀の女帝をモデルに創作された偶像に過ぎないと考えられているのである。

だが、神功皇后の行動を追っていくと、三世紀後半に活躍する邪馬台国の台与と、多くの接点が見出せる。これが偶然とは思えないのは、神功皇后の活躍が、ヤマト建国前後の瀬戸内海と日本海の「協力と裏切り」という経過と、見事に重なって来るからなのである。

たとえば神功皇后は、「トヨ」の名を冠する海の女神たちと、いくつものつながりをもつ。「トヨ」といえば、邪馬台国の女王「台与」を思い浮かべる。

さらに、神功皇后は九州で起きた熊襲の反乱を制圧するために、越（北陸）から出雲を経由して穴門豊浦宮《あなとのとゆらのみや》（山口県下関市）に向かい、瀬戸内海を経由してやって来る仲哀天皇と合流している。「瀬戸内海」と「日本海」二つの勢力が九州征伐に向かったという話、じつに生々しい話であり、考古学の示すヤマト建国の前後の指摘と、符合している。しかもこのあとの神功皇后らの活躍が、『日本書紀』編者の創作とは、とても考えられないのである。

二人はこの地にしばらく滞在したあと、北部九州を目指す。ここで、北部九州沿岸部の首長たちは、競って恭順して来たといい、二人は橿日宮《かしひのみや》（香椎宮《かしいぐう》。福岡県福岡市）に拠点を築く。

ところが、ここでアクシデントが起きた。神託に逆らった仲哀天皇が急死してしまったのだ。そこで神功皇后は、神の意志に従い行動したところ、熊襲を平定することができた。そこで神功皇后は、兵を南に進め、山門県《やまとのあがた》（福岡県みやま市）の女首長を滅ぼし、ここから反転し、新羅を攻めたのだった。ちなみに、この時神託を下したのは、住吉大神《すみよしのおおかみ》で、このあと、この神が、大きな意味をもってくる。それはともかく……。

新羅遠征を終えた神功皇后は、筑紫に凱旋し、応神を産み落とす。さらに、ヤマトに向かうが、ヤマトの残留勢力は、応神が有力な皇位継承候補になることを嫌い、神功皇后一行のヤマト入りを阻止しようと立ち上がった。このヤマトの裏切りに対し、神功皇后は敢然と立ち向かいこれを撃破すると、ヤマトの地に摂政として君臨した。ちなみに、子の応神が即位するのは、これから六十九年先のことである。

邪馬台国というカラクリ

『日本書紀』に示された神功皇后の活躍は、何かしらの史実をもとに記録されたとしか思えないのである。

まず、穴門豊浦宮から北部九州の様子をうかがっていた神功皇后らの前に、北部九州沿岸部の首長たちが競って恭順してくるが、首長たちの勢力圏は、ちょうど三世紀前半から半ばにかけて、ヤマトで生まれた纏向《まきむく》型前方後円墳（前方後円墳の前身となった古墳）の分布域とほぼ重な

神功皇后が赴いた豊浦宮（山口県下関市の忌宮神社）

るのである。

さらに、順番が逆になるが、九州征討に際し、神功皇后は日本海から、かたや仲哀天皇は、瀬戸内海から進軍していたという奇妙な話を『日本書紀』は記録している。夫婦がなぜ別の場所から西に向かうという設定を『日本書紀』がとったのかといえば、二人が実際には、「瀬戸内海」「日本海」それぞれの地域を代表する者であったことを暗示するためではなかったか。そして、香椎宮で、両者は神託をめぐって決裂した……。これも何かを暗示しているのだとすれば、ヤマト建国で力を合わせていた日本海（出雲）と瀬戸内海（吉備）が、思惑のずれによって離反したということではあるまいか。

それだけではない。神功皇后はこののち、山門県の女首長を殺しているが、山門県こそ、邪馬台国北部九州説の最有力候補地であり、「トヨの女神」と多くの接点をもつ神功皇后が、「山門＝邪馬台国」の女首長を殺したという話、「畿内ヤマトの台与による九州邪馬台国の卑弥呼殺し」だったのではあるまいか。

なぜこのような推理を働かせるのかというと、江戸時代、国学者の提出した邪馬台国偽僭《ぎせん》説に魅力を感じるからである。

邪馬台国偽僭説とは、邪馬台国（ヤマト）は畿内にあったのに、九州の卑弥呼が魏に朝貢し、勝手に「われわれは倭国の邪馬台国」と偽って報告してしまったという考えである。明治時代から始まった邪馬台国論争の中で、この考えは忘れ去られてしまったが、『日本書紀』の神功皇后をめぐる記事と照らし合わせれば、かえって斬新なアイディアとなって、輝きを取り戻すのである。

考古学的にも、「山門県＝邪馬台国の女首長の悪だくみ」は、整合性をもっている。

すでに触れたように、弥生時代の日本列島の先端地域は北部九州であった。ところが、古墳時代（ようするにヤマト建国）の直前あたりから、図式に変化が現われた。鉄器が次第に東に流れはじめ、相対的に、北部九州は衰弱していく。そして、纏向に国家の中心となるような都市が完成すると、北部九州には纏向で生まれた纏向型前方後円墳や、ヤマト、山陰地方の土器が流れ込んでいたのである。その一方で、北部九州の筑後川の南側には、纏向型前方後円墳を受け入れない地域が生まれていた。もちろん、山門県は、この「反ヤマト」の中心に位置するのである。すると、「古き良き時代の北部九州の繁栄を取り戻したい」と願っていた山門県の女首長が、外交戦によって親魏倭王の称号を獲得し、虎の威を借りてヤマトに対抗しようとしたと考えられる。そしてこれを、ヤマトが討ち滅ぼしたのだろう。ただし、親魏倭王を殺したとなれば、ヤマトは大国・魏を敵に回すことになってしまう。そこで台与に「卑弥呼の宗女《そうじょ》（一族の女）」を名乗らせることによって、つじつまを合わせたのではなかったか。

こうして、邪馬台国の謎は、神功皇后を台与とみなすことによって、解きあかすことができた。つまり、「邪馬台国は畿内のヤマトと北部九州の山門、双方にあった（正真正銘の邪馬台国は、畿内のヤマトということになるが）」ということになる。また、『魏志』倭人伝の記事から邪馬台国の位置が割り出せなかったのは、卑弥呼が邪馬台国の位置を曖昧に報告していたからだろうと察しがつく。

なぜ初代王がみな「祟る神」とかかわりをもつのか

『日本書紀』によれば、この後神功皇后は、応神を連れてヤマトに舞い戻ったと記録するが、ここに大きな疑惑が生まれる。

『日本書紀』は天皇家の祖神を女神＝天照大神という太陽神に求めている。『日本書紀』の中で天照大神は、当初大日孁貴《おおひるめのむち》の名で登場する。孁は一文字で「巫女」の意味だから、大日孁貴は「大日巫女《おおひみこ》」となり、これこそ、「邪馬台国の卑弥呼ではないか」とする有力な説がある。その一方で、卑弥呼の宗女の「台与」が、『日本書紀』には登場しない。その代わり、鎮魂祭《たましずめのまつり》では「豊日孁《とよひるめ》」なる神が主役級の扱いを受け、さらに伊勢神宮では、天照大神と共に、豊受大神《とようけのおおかみ》が祀られる。どちらも「トヨの女神」なのだが、なぜか『日本書紀』は「トヨ」を冷遇し、無視する。「トヨ」は歴史から抹殺されている。ただその一方で、「トヨ」は、「祟る恐ろしい存在」という認識が、古代人にはあったようなのだ。

『日本書紀』の記事を信じれば、神功皇后は歴史の勝者である。だが、平安時代に至っても、神功皇后は祟ると信じられていた。神功皇后と関わりの深い宇佐神宮（大分県宇佐市）でも、「祟る神」が祀られているが、その正体は住吉大神で、神功皇后と深く結ばれた神である。大阪の住吉大社（大阪市住吉区）では、住吉大神と並んで神功皇后が祀られている。住吉大社の伝承によれば、仲哀天皇が亡くなった晩、神功皇后と住吉大神は、夫婦の秘め事を行なったという。

このように、神功皇后の縁者は、みな祟る者であった。ここに、大きな問題が隠されている。ヤマトの初代王は神武天皇で、この人物は第十代崇神天皇をモデルに構築されたフィクションとされている。ただし、二人の漢風諡号に「神」の名が冠せられているのは、大問題である。

初代王が「神」なのは、神のような偉大な功績を残した人物だから、という印象があるが、古代人にとっての神は、「祟り神」のイメージが強い。実際、神武天皇は武力では敵を倒すことはできなかったが、「呪いをかける」ことによってヤマトの敵を圧倒したと『日本書紀』には記されている。一方、崇神天皇の場合、出雲神の祟りにおびえ、出雲神を丁重に祀ることによって、治政を安定させることができたという。

このように、「神」の名のつく天皇は、何かしらの形で「祟る神」とかかわりをもつ。

ひるがえって、神功皇后と息子の応神天皇の二人に注目すれば、やはり「神」の名を冠していることに気づかされる。「神」の名を冠する歴代皇族は、神武、崇神、神功皇后、応神の四人だけである。

通説は、神武と崇神を「本当は二人ともヤマト建国の時代の人」と考える。二度あることは三度あるではないが、「神」の名を関する皇族は、みな「ヤマト建国時に活躍した人々」だったと考えられる。その証拠に、応神は、神武東征ルートをなぞるように進軍している。『古事記』によれば、応神が九州からヤマトに向かうとき、喪船《もふね》が用意され、「応神はすでに亡くなられた」と喧伝《けんでん》された。応神は死ぬことによって、敵を萎えさせようとしたのだろう。これも、呪いの一種と考えられる。神武も応神も、呪いによってヤマトを打ち破ったという話が、共通なのである。

このように、神功皇后や応神天皇に「神」の名が冠せられるのは、神功皇后や応神が、ヤマトに裏切られ、ヤマトを恨み、祟る神になったと信じられているからだろう。

『日本書紀』に従えば、神功皇后と応神は、ヤマトの敵を圧倒したということになる。だが、実際には、「瀬戸内海＝吉備」の裏切りにあって、敗北し、だからこそヤマトを恨んでいたと推理することが可能である。そしてこれが、出雲の国譲りの真相であろう。

彼らが南部九州に逼塞《ひっそく》したのではないかと思わせる記述が、『日本書紀』には残されている。それが、何を隠そう、天孫降臨神話なのである。

神話に従えば、出雲の国譲りの直後、天照大神の孫・天津彦彦火瓊瓊杵尊《あまつひこひこほのににぎのみこと》を地上界に降ろしているのだから、天孫降臨神話は、一種の征服劇として捉えられているし、そうとらない人も、天皇家の歴史を飾るための創作に過ぎないと考えている。だが、それはおかしい。天孫降臨には、これまでの常識では解きあかすことのできない謎が、いくつも散りばめられているからである。

まず第一に、ヤマトや北部九州に舞い下りるのが筋であるのに、なぜ熊襲《くまそ》が盤踞《ばんきょ》し、ヤマト朝廷が敵視する南部九州の地を選んだのだろう。もちろん、「征服者が中国から琉球列島を経由して来れば、ちょうど南部九州にたどりつく」という考え方も可能である。だが、くどいようだが、彼らの末裔＝神武天皇のヤマト入りは、征服劇ではなく、「呪いと禅譲」による政権交替である。しかもその後、ヤマトの王家に強い権力はあたえられていない。彼らはけっして征服者ではないのである。

そして第二に、天孫降臨とその後に関わってくる人脈が、奇妙きてれつなのである。

まず、地上界に下りる直前、天《あめ》の八衢《やちまた》という場所で、国津神《くにつかみ》のサルタヒコが待ち構えていた。事情を聴くと、天津彦彦火瓊瓊杵尊を先導してくれるという。このサルタヒコ、こののち伊勢に去るのだが、他の拙著の中で繰り返し述べて来たように、住吉大神と接点をもち、両者は同一と考えられる。

さらに、天津彦彦火瓊瓊杵尊の孫の代に、海幸山幸神話が用意されているが、兄の釣り針をなくし途方に暮れている山幸彦《やまさちひこ》（彦火火出見尊《ひこほほでみのみこと》）の前に現われ、救いの手をさしのべたのは塩土老翁《しおつつのおじ》で、この神は住吉大神の別名である。

第三に、山幸彦は海神の宮に導かれ、ここで豊玉姫と結ばれるが、「豊玉姫」は「トヨの海の女神」で、神功皇后の属性によく似ている。

このように、天孫降臨神話には、なぜか「神功皇后の人脈」がからんでくるのである。これはなぜかといえば、天孫降臨神話こそ、じつは瀬戸内海＝吉備に裏切られた神功皇后らの逃避行だったからではないかと思いいたる。すなわち、「瀬戸内海の裏切り」こそ、「出雲の国譲りの正体」であり、その延長線上に、天孫降臨神話が構築された、ということになる。

崇神天皇とニギハヤヒを重ねるとヤマト建国の真相が見えてくる

南部九州の日向《ひむか》の地（宮崎県）に逼塞していた神武天皇がヤマトいきを決断するのは、塩土老翁（住吉大神）の誘いに乗ったからだと『日本書紀』はいう。やはりここでも、からんでくるのは「神功皇后の人脈」である。したがって、神功皇后が日本海から九州に向かい、山門県（邪馬台国）の女首長を殺し、その後瀬戸内海に裏切られ、南部九州に落ち延び、末裔の神武天皇が復活した、という流れを想定することができるのである。

そこで注目されるのが、第十代崇神天皇のことである。『日本書紀』によれば、崇神天皇の時代、疫病が蔓延し、人口も半減したという。人々は流浪し、不穏な空気が流れた。そこで崇神天皇は、占ってみると、出雲神・大物主神が神託を下した。大物主神の子の大田田根子《おおたたねこ》なる人物を捜し出し、大物主神を祀らせれば、世は平静を取り戻すだろう、というのである。

崇神天皇がそのとおり行動すると、まさに治政は安定したという。

これは、出雲神・大物主神の祟りが、人々を苦しめたという話であり、この「祟る神を崇《あが》め、祟りを鎮めた」功績を認められ、「崇神」という漢風諡号が生み出されたと察しがつく。

問題は、ここに登場する崇神天皇を、物部氏の祖・ニギハヤヒに置き替えて読み直すと、神武東征の真相がつかめてくることである。

さて、すでにふれたように、私見は、初代神武、第十代崇神、第十五代応神の「神」の名を冠する人々が、同時代人ではないかと疑っておいた。そして、なぜ「神」の名が冠せられているのかといえば、みな「祟る神」と縁を持っていたからである。

第十代崇神天皇の場合、自らが祟るのではなく、祟る神を祀った人物ということになる。では、崇神天皇は、ただ単に、神を祀っただけなのだろうか。崇神は、祟る神の子を、ヤマトに招き、そのまま王に据えたというのが、事の真相ではなかったか。

『日本書紀』によれば、出雲神・大物主神の次にヤマトに舞い下りたのは、物部氏の祖のニギハヤヒであった。ニギハヤヒは、ヤマトの地に君臨していた「王」である。ところが、いざ神武天皇がヤマトを目指してやって来ると、なぜか戦うことなく、王権をあっさり禅譲してしまったのである。しかし「あっさり」という表現はまちがっている。徹底抗戦を試みた義兄の長髄彦を排除してまで、神武を「熱烈歓迎」したのである。

なぜ、せっかく手に入れた王権を、無抵抗のまま、縁もゆかりも無い人間に譲り渡してしまったのだろう。これには、何かしらの理由がなければおかしい。

そこで考えられるのは、「祟りにおびえた」から、ということになる。私見通りニギハヤヒ＝物部氏が瀬戸内海（吉備）出身だとすれば、彼らは日本海（出雲）を裏切ったのである。裏切られた日本海（出雲）は、ヤマトを恨み、恨まれた側は、祟りにおびえた、ということになる。そして、疫病の蔓延を押さえることができなかったニギハヤヒ（崇神天皇）は、やむなく、日向に逼塞していた「神功皇后（トヨ）の末裔＝神武」をヤマトに呼び寄せ、ヤマトの王に擁立し、出雲神大物主神を祀らせたのではなかったか。その代わり、ヤマトの王は、あくまで「祭司王」なのであり、権力は物部氏が握りつづけたのだろう。その証拠に、ヤマトと瀬戸内海を結ぶ流通の要、河内は、物部氏が押さえつづけることができている。

天皇家は出雲出身だった？

このように、『日本書紀』の記事と考古学の最新情報を駆使すれば、ヤマト建国と邪馬台国をめぐる新たな推理が出現するのである。それは、朝鮮半島の鉄をめぐる争奪戦であり、流通ルートをめぐる権力闘争だったのである。また、邪馬台国は、本来畿内のヤマトであったものが、九州の山門県《やまとのあがた》の卑弥呼の偽僭によって、魏が誤解した、ということになる。そして、山門の卑弥呼の王国を、ヤマトが潰しにかかったということになるのである。

もっとも、ヤマトの王が、日本海（出雲）出身で、いったん南部九州に逼塞したのちヤマトに連れて来られたという私見に、戸惑われるかたも少なくあるまい。だが、天皇家が「出雲そのもの」だったという傍証は、『日本書紀』の記事からも、散見できる。

敏達《びたつ》十年（五八一）の春二月のことだ。蝦夷数千人が辺境に攻め入ったため、蝦夷の首領の綾《あや》糟《かす》を呼び出し、恭順するように諭した。すると綾糟は、泊瀬川《はつせがわ》（初瀬川）に入り、三諸岳《みもろのおか》（三輪山）に向かって遥拝《ようはい》し、誓いを立てたというのである。

なぜ天皇家に恭順するために、出雲神の祀られる三輪山を遥拝する必要があったのだろう。それは、三輪山の出雲神こそ天皇家そのものという意識が、ある時期まで共有されていたからではあるまいか。

そこで注目されるのは、三輪山周辺に残された伝承で、三輪の神と伊勢の神が同体とするものである。一般に、ほとんど注目されていないが、本来男性であるはずの太陽神を、女性にすり替えてしまった『日本書紀』の記述こそ問題である。

また、三輪山の山頂には高宮《こうのみや》神社が祀られるが、祭神は日向御子《ひむかのみこ》という聞き慣れない神である。通説は、三輪山が太陽信仰と密接に関わっていたことから、「日向」と太陽信仰を結びつけている。だが、「日向」が太陽神ならば、なぜ余分な「御子」の二文字をあてがったのか、その意味が分からない。「御子」は「童子」の意味でもあり、古来童子は、祟る恐ろしい「鬼」と同意語であった。したがって、「日向御子」は、単純な日神ではない。

だが、「日向」を地名と捉え、「日向御子」を、「日向からやって来た御子」と解すれば、謎は解ける。それは、瀬戸内海（吉備）に裏切られて日向の地に逼塞し、祟りをもたらす恐ろしい存在であり、だからこそヤマトに連れて来られた神であり、現実には神武天皇だったと理解できるのである。

このように、ヤマト建国の黎明期の王が祟る出雲神の御子であり、神功皇后（トヨ）の末裔であったと考えることによって、多くの謎が解けてくるのである。

ただし、ここで浮かぶ大きな謎は、なぜ八世紀の『日本書紀』を編纂した朝廷が、ヤマト建国にいたるいきさつを闇に葬ってしまったのか、ということになる。ヒントは住吉大神にありそうだ。仲哀天皇が亡くなられた晩、住吉大神と神功皇后は、夫婦の秘め事をしたというが、その十ヶ月後に生まれ落ちた御子が応神天皇なのだから、天皇家の祖は住吉大神であった可能性が高い。応神天皇や神功皇后を祀る宇佐八幡神宮では、神功皇后の本来の夫・仲哀天皇を祀っていないことも、偶然ではない。

では、住吉大神とは何者なのか、ということになるが、この点に関しては、詳述を避ける。ただ、一つだけ言えることは、住吉大神は、八世紀の政権にとって「宿敵」であり、王家の始祖を抹殺する必要があったのではないかと筆者は疑っている（詳細は、ポプラ社刊『古代史謎解き紀行Ⅱ　出雲編』を参照していただきたい）。すでにふれたように、住吉大神の別名は塩土老翁で、「老人」であった。神功皇后の身辺には、もう一人「老人」がいて、それが武内宿禰《たけしうちのすくね》である。

『古事記』によれば、仲哀天皇が亡くなられた晩、密室にいたのは神功皇后と武内宿禰だったと

住吉大神と神功皇后が祀られる住吉大社（大阪市住吉区）

いい、このとき、住吉大神＝塩土老翁が神功皇后と結ばれたのならば、その正体は、強烈なまでの老人のイメージを負う武内宿禰でもよいわけである。『古事記』は武内宿禰を「蘇我氏の祖」といっているのだから、ここに、ヤマトの王家の根幹に関わる大きな秘密のありかを感じずにはいられない。もちろん、蘇我氏を滅ぼすことによって政権を勝ち取った八世紀の朝廷にしても、この事実を抹殺する必要に迫られた、ということであろう。しかも「蘇我」は、「出雲」とも接点を持っている。このことは、以下にふれる。

なぜ天皇は弱いのに恐ろしいのか

にわかには信じがたいことかもしれないが、ヤマトの王家は、敗れ、祟る出雲の末裔であったと、筆者は考えている。少なくとも、この推理を掲げることによって、これまで解けることのなかった、一つの謎が明らかになる。

天皇家に逆らえば、どれほど恐ろしい祟りに遭うか分からないという共通認識が、長い間日本人を呪縛してきた。中世の武士たちが、何万という大軍を擁しても、錦《にしき》の御旗《みはた》の前には、無力だったのである。これは、明治維新の直前の鳥羽伏見の戦の時点まで、通用していたのである。ただ、「なぜ天皇は恐ろしいのか」、「なぜ権力をもたない弱い王が、恐ろしいのか」その根本的な理由は、明らかにされないままだった。だが、天皇家が「祟る出雲神そのもの」であったとすれば、謎は解ける。つまり、ヤマトの王は「祟る日本海」だったのである。

ここまで述べてしまったから、ついでまでにいっておくと、八世紀の政権で実権を握っていたのは藤原氏で、彼らは七世紀の覇者「蘇我」を倒すことによって権力を手にいれたのである。だからこそ、『日本書紀』の中で、「蘇我」は悪役として描かれている。つまり、八世紀の朝廷が嫌った政敵とは、「蘇我」であり、神功皇后の側近中の側近に、蘇我氏の祖の武内宿禰がいたことは、無視できない。

じつをいうと、「蘇我」と「出雲」の間には、強いつながりがある。

たとえば、出雲大社真裏の素戔嗚尊《すさのおのみこと》を祭る摂社《せっしゃ》は「素鵞社《そがのやしろ》」といい、なぜ「ソガ」なのかといえば、スサノオの最初の宮「須賀宮《すがのみや》」の「スガ」が音韻変化したものと考えられる。七世紀の蘇我氏は飛鳥の地で全盛期を迎えるが、「アスカ」は「ア＋スカ（スガ）」からきているとされている。飛鳥の地は出雲神の密集地帯でもあり、蘇我は出雲とつながっているのである。

蘇我氏はなぜかヒスイを珍重し、独占的に生産するが、ヒスイもやはり、出雲とかかわりをもつ。『古事記』によれば、出雲神大国主神は、越の奴奈川姫《ぬなかわひめ》に求婚しているが、奴奈川姫の「ヌ」はヒスイの意味で、越の糸魚川市周辺で産出されるヒスイが、縄文時代以来珍重されていたのである。弥生時代後期の出雲は、日本海を通じて越と交流をもつが、このとき、ヒスイの交易を手がけ、このことが神話に反映されていたと考えられる。

このように、出雲と蘇我は、目に見えないパイプでつながっていたのである。

つまり、政権を獲得した藤原氏は、蘇我本宗家を滅亡に追い込んだ正当性を主張するためにも、「蘇我」や「出雲」の正体を抹殺する必要に迫られた、ということになる。

そして、最初についた嘘を塗り固めるうちに、ヤマト建国そのものまで、真相を抹殺せざるを得ない状況に追い込まれたというのが、本当のところだろう。

さて、こうしてヤマト建国のあらましがはっきりしてくると、あらためて「出雲」に注目が集まる。彼らは、いったい何者なのだろう。というのも、『日本書紀』は、出雲神を「邪《あ》しき鬼《もの》」

と呼び、また、国津神であったといい、さらに、縄文的な体質をもった人々であったかのように記していたからである。

であるからこそ、最終章で、出雲の正体を解きあかしてみたいのである。

第4章

銅鐸の正体とヤマト建国の真相

出雲を建国したのは渡来人なのか

ヤマト建国のいきさつは分かっても、なお一層分からないのは、「出雲」のことである。

一般に、「出雲」といえば、渡来系の人々によって造られた国と信じられている。それはなぜかといえば、朝鮮半島に近い場所に位置していたこと、さらに、『日本書紀』によれば、スサノオは出雲に登場する以前、まず高天原《たかまのはら》から新羅《しらぎ》の地に舞い下りていたというからである。さらに、『出雲国風土記』の名高い国引き神話にも、出雲神が新羅の土地を引き寄せたという話が載る。

その一方で、神話の中で出雲神は、「八拳鬚《やつかひげ》」を生やしているとされ、この「体毛が濃い」という表現が、古モンゴロイド（縄文人）的だ、という指摘もある。

さてさて、「出雲」とは何者なのだろうか。

出雲と新羅の関係については、拙著『古代史謎解き紀行Ⅱ』のなかで詳しく述べているので、ここでは省略する。問題にしたいのは、「出雲と東国の縄文との関係」である。というのも、ヤマト建国の前後、東国と出雲は、利害を共有し、手を組んでいたのではないかと思える節があるからだ。それは単純に、両者の思惑が一致したからなのか、あるいは、弥生時代、出雲の四隅突出型墳丘墓が日本海づたいに北陸に伝播していたように、両者には長い歴史の絆が存在したからなのだろうか。

よく知られていることだが、出雲方言は、東北弁によく似た「ズーズー弁」で、この奇怪な習俗が、松本清張の小説『砂の器』のなかで、物語の重要なファクターとして登場してくる。

なぜ出雲に、不可解な言語が残ったのだろう。そこに、縄文の残像を見ることはできるのだろうか。

ヤマト建国に果たした東国の役割

話を三世紀に戻してみたい。すでに触れたように、ヤマト建国の中心に立っていたのは、吉備と出雲であった。ただし、纏向《まきむく》遺跡に集まった土器のなかで、もっとも数の多かったのは、東海地方である。

この、東海地方の土器の量に関しては、ほとんど注目されて来なかったように思う。それはなぜかというと、弥生時代の東国が後進地帯だったという認識があること、東海地方における前方後円墳の造営がややおくれたこと、さらに、東海の土器が「生活用品」だったのに対し、吉備からもたらされた土器は、「宗教儀礼に用いるためのもの」だったから、吉備の土器が俄然注目されてしまったということにある。

また、邪馬台国畿内説をとる人々は、卑弥呼の時代、邪馬台国が南方の狗奴国と戦闘状態にあったという『魏志』倭人伝の記事から、ヤマトと東海地方が争っていたと考えているからではなかろうか。邪馬台国畿内説は、『魏志』倭人伝の次の記事「邪馬台国は北部九州から見て南方にある」を、「南は東の誤り」と主張し、だから邪馬台国は畿内に求められると主張している。そこで当然、「邪馬台国と戦っていた南の狗奴国」は、「邪馬台国の東の狗奴国＝東海地方」と解釈することになる。したがって、東海地方がヤマト建国に関与していたとしても、それは邪馬台国との戦闘に敗れた結果、ということになってしまう。

だが私見を当てはめれば、邪馬台国と戦火を交えた狗奴国は、東海地方にあったのではなく、ようするに畿内のヤマトのこととなる。卑弥呼が魏に対し、「南方の狗奴国が攻めてきた！」と報告し、救いを求めたのは、自らをヤマトと詐称していたからだ。卑弥呼は、「東のヤマトが攻めてきた」と、正直に話せなかっただけの話で、これは自業自得なのである。

それはともかく、東海地方の大量の土器を、無視することはできない。東海地方は、ヤマト建国の直前ごろから、盛んに東に向けて先進の文物を送り込み、ヤマト建国後の関東を中心とする東国の発展に大いに寄与しているからである。東海地方は、知られざる三世紀のフィクサーなのである。

じつをいうと、ヤマト建国によってもっとも得をし、繁栄を勝ち取るのは、関東地方であり、東国の発展は、ヤマト誕生とともにもたらされたといっても過言ではなかった。そして五世紀後半から六世紀にかけて、近畿地方以外の日本列島で、もっとも巨大な前方後円墳を造営する地域は、関東地方という状況ができるのである。とすれば、東国発展に貢献した東海地方が、ヤマトに大量の土器（土器を携えて労働力が流入したわけである）をもちこんだ事実を、軽視することはできないのである。

ひょっとして、ヤマト建国の黒幕は、東国であり、その中心に立っていたのが東海地方ではないかと、勘ぐってみたくなるほどなのである。

東国と出雲の意外なつながり

三世紀の伊勢湾沿岸地帯で、前方後方墳《ぜんぽうこうほうふん》が誕生している。前方後円墳ではない。前も後ろも四角い古墳だ。そしてこの埋葬文化が、東海や信州、関東地方に伝播していく。また、纏向の近く

草薙剣の祀られる熱田神宮（愛知県名古屋市熱田区）

にも、前方後方墳が造営される。さらに興味深いのは、すでに触れたように、四世紀の出雲でも、前方後方墳が造られるようになったことである。遠く離れた東海と出雲がつながっているのはなぜだろう。

東海地方と出雲のつながりで興味を覚えるのは、熱田神宮（名古屋市熱田区）に祀られる草薙剣《くさなぎのつるぎ》である。

草薙剣は、もともとはスサノオが八岐大蛇《やまたのおろち》の尾っぽから見つけだした霊剣である。それがいったん天皇家の手に渡り、のちに日本武尊《やまとたけるのみこと》が尾張を訪れ、この地に霊剣を預けていったといういきさつがある。出雲の神宝が、巡り巡って尾張にたどり着いたわけだが、これは偶然なのだろうか。

弥生時代後期の北部九州と出雲、吉備で起こった鉄の流通支配をめぐる駆け引きのなかで、東海や越

（北陸）、東国の立場は触れて来なかったが、この図式にこれらの地域を加えると、興味深い事実が浮かびあがってくる。

東海、越を含めた東国にとって、北部九州が鉄器を独占している間は、発展は望めない。この点、出雲や吉備と東国の利害は共通している。だからこそ、纒向には越や東海の土器が集まったと察しがつく。

東国にとって、繁栄の鍵は、瀬戸内海か日本海、どちらでもよいから、鉄のルートを確保することに尽きる。そして、弥生時代後期の出雲の四隅突出型墳丘墓の様式が、北陸から新潟県にかけて伝わっていたのだから、日本海側は出雲を頼りにしていただろう。これに対し東海地方は、ヤマトの新政権が安定していて、日本海、瀬戸内海、どちらでも、ルートさえ確保できればよいということになろうか。

不思議なことは、ヤマト建国ののちに起きている。出雲の没落と歩調を合わせるかのように、東海地方が、いったん没落しているからである。しかも、関東地方には東海や越から新たな文物が流れ込んでいたが、これに加え畿内の文物と人が、流れはじめ、また、越から関東の流れは、途絶えていくのである。濃尾平野では前方後方墳の造営がしばらく続き、前方後円墳が現われるのは、四世紀までもちこされる。

これは、東海と越が、日本海（出雲）に肩入れしたために、出雲の敗北の影響を受けた疑いがある。出雲は敗北後、出雲の末裔が王家に返り咲いたと筆者は考えているが、これは政治的な勝利ではなく、宗教上の処置に過ぎず、出雲が失地を回復したということではないのである。

群馬も東京も埼玉も三輪（出雲）とつながる

東海地方だけではなく、東国全体も、出雲とは強い絆で結ばれている。

『古事記』によれば、出雲の国譲りに最後まで抵抗した出雲神・建御名方神《たけみなかたのかみ》は、出雲の地を追われ、信州の諏訪《すわ》に落ち延び、この地から一歩も外に出ないことを条件に、許されたという。御柱祭《おんばしらまつり》で名高い諏訪大社の祭神が、建御名方神である。

『伊勢国風土記』逸文にも、これとよく似た話が出てくる。伊勢津彦《いせつひこ》が、皇軍に追われ、伊勢の地から東に逃げ、信州に落ち延びたという。伊勢津彦は、出雲系の神である。出雲の神が東国に逃れたという話が重なっていることは、興味深い。出雲とは遠く離れた関東地方にも、出雲の神はかかわりをもつ。

武蔵国一の宮、大宮の氷川《ひかわ》神社（埼玉県さいたま市）の祭神は、出雲神のスサノオである。こ

大国主神伝説が残る大国魂神社（東京都府中市）

の氷川神社は、南関東にひろく分布し、人々の信仰を集め、また明治天皇が東京に遷御されたのち、最初の行幸地が、大宮の氷川神社だった。

　武蔵国府の置かれていた東京都府中市には、大国《おおくに》魂《たま》神社が祀られ、ここの祭神も、出雲系である。府中市に残された伝承によれば、その昔、大国主命がこの地を訪れ、一夜の宿を乞うたという。大国主命に宿を提供した旧家が、いまでも残されている。

　旧武蔵国周辺で出雲神話が残され、出雲神が信仰されるのは、武蔵国造《くにのみやつこ》が出雲国造家《こくそうけ》の流れをくんでいたからかもしれない。だが、北部関東では、さらに出雲の匂いが立ちこめる。

　弥生時代の北部関東は、縄文的な風習・文化が色濃く残った地域だったが、ヤマト建国ののち、次第に西の文化を受け入れていく。そうはいっても、当初東海地方からもたらされた前方後方墳が数多く造営されているから、すんなり「ヤマトのいいなり」になっていたようではなさそうだ。またその後、なぜか「出雲的」な文化を取り入れていくのである。

たとえば、古代の群馬県と栃木県に君臨したのは上毛野氏《かみつけの》と下毛野氏《しもつけの》だが、彼らの祖も、出雲と関係がある。

崇神天皇《すじん》は、甲乙付けがたい優秀なふたりの御子、豊城命《とよきのみこと》（上毛野氏らの祖）と活目尊《いくめのみこと》（のちの垂仁天皇《すいにん》）に夢占いをさせて、ヤマトの王にするか、東国を統治させるかを決めた。このとき兄の豊城命は、夢の中で、御諸山《みもろやま》（三輪山）に登り、東に向かって槍を八回突き出す夢をみた。そこで崇神天皇は、豊城命に東国の治政を委ねたのである。

ちなみに、豊城命は東国に赴くことはなかったのだが、景行天皇《けいこう》の時代、豊城命の孫・彦狭嶋王《ひこさしまのみこ》が、東山道の十五国都督《とおあまりいつつのくにのかみ》に任ぜられ、さらにその子の御諸別王《みもろわけのみこ》が、東国に赴いたのだった。御諸別王は、東国で善政を敷き、蝦夷を鎮圧したという。

上毛野氏の祖の名が「御諸別王」であることからして、北関東と「御諸山＝三輪山（出雲）」との関わりを暗示しているが、このあとの上毛野氏の活躍のなかにも、出雲とのつながりを連想させる記事が残されている。

『日本書紀』仁徳《にんとく》五十五年の条には、次のようにある。仁徳天皇は、第十六代の天皇で、五世紀前半の人物と思われる。

この年、蝦夷が背き、上毛野田道《たみち》が遣わされた。ところが田道は敗れ、伊寺水門《いしのみなと》で亡くなる。すると蝦夷たちは、再び襲ってきて、乱暴狼藉を働き、田道の墓を暴いたという。するとなかから大蛇が目を怒らせ飛び出してきて噛みついた。多くの蝦夷たちが蛇の毒で死に果てたという。ときの人は、

「これは田道の仕業であり、死人にも意志があるのだ」

と語りあったというが、蛇は出雲につながる。

旧暦の十月を神無月《かんなづき》というが、出雲ではこれを神在月《かみありづき》と呼ぶ。全国の神々が出雲に集結するために、神無月といい、出雲では神様であふれかえるために、神在月と呼ぶ。神々が何をするのかというと、神在祭である。しかもこの祭りの主役は神の使い＝「海蛇（セグロウミヘビ）」で、「海蛇」がやって来ないと、祭りは始まらないのだという。

出雲と蛇のつながりは、これだけではない。三輪山の出雲神・大物主神《おおものぬしのかみ》は、「蛇」だったことは、『日本書紀』も認めている。

崇神天皇の時代、ヤマトを代表する巫女《みこ》・倭迹迹日百襲姫命《やまとととひももそひめのみこと》は大物主神の妻となった。ところ

が大物主神は、いつも夜訪ねてくるため、姿を見ることはできなかった。そこで倭迹迹日百襲姫命は、「麗しい姿を拝見したい」と願う。「それならば」と、大物主神は、翌日櫛笥《くしげ》にはいっているから、見ても驚かないようにと告げた。はたして、倭迹迹日百襲姫命は櫛笥のなかの小蛇《おろち》を見て、思わず叫んでしまう。恥をかかされたといい、大物主神は御諸山（三輪山）に帰り、倭迹迹日百襲姫命は落胆し、尻餅をついた。その拍子に、ホトを箸で突き、亡くなられる。この倭迹迹日百襲姫命の墓が、纏向遺跡の箸墓《はしはか》（箸中山古墳）だったという。三輪山の神・大物主神が蛇であることから、現在でも大神神社《おおみわじんじゃ》にいくと、蛇の好物・卵が供えられるのを見ることができる。

　また、『日本書紀』舒明《じょめい》九（六三七）年是歳《ことし》の条には、次のようにある。この年、蝦夷が背き、朝貢しなかった。そこで朝廷は、上毛野形名《かたな》を将軍に任じ、討たせた。ところが蝦夷の抵抗を受けた形名は、砦に逃げ込み蝦夷に囲まれてしまった。兵士たちは散り散りに逃げ、形名は途方に暮れ、砦を捨てて逃げようとした。すると形名の妻が、「蝦夷に殺されようとは、いまいましい」と嘆き、夫を叱責した。酒を無理矢理夫に飲ませると、夫の武器を取って、女人たちに命じて弓の弦を鳴らさせたのだった。さすがに夫も気を取り直し、討って出た。すると蝦夷たちは、大軍の襲来と勘違いし、退却したというのである。

　形名の妻が弓の弦を鳴らさせたのは、単なる脅しではない。これは、三輪山の出雲の神・大物主神を呼び出す呪術だったとされている。

考古学的にも、上毛野と三輪は接点を持っている。群馬県前橋市の前橋天神山古墳の後円部墳頂には、底に穴のあいた土師器《はじき》の壺がめぐらされているが、これは三輪山山麓の古墳のものと瓜二つだとされている。

やはり、関東と出雲はつながっている。

西側の豪族を煙たく思っていた東国

関東とヤマトの大王（天皇）も、知られざるつながりをもち続けていた。

発足当時のヤマトの王家は、「祟る出雲神」を祀る、祭司王であった疑いが強い。ヤマトの王は、「祟る出雲神」を祀る一方で、王自身も、「祟る出雲神」そのものであり、だからこそ、ヤマトの王は現人神《あらひとがみ》だった。つまり、現人神を荒人神《あらひとがみ》とも書くのは、現人神の原理が、「祟る神」だったからだろう。その荒人神が、五世紀から、「東」と結び付いていった可能性が高い。

すでにふれたように、八世紀に記された『日本書紀』の中で、東国は野蛮で未開な地域として描かれている。だが、それ以前のヤマトの王家は、むしろ積極的に「東」を活用していたのである。

たとえば、五世紀以降のヤマト朝廷は、積極的に朝鮮半島に軍事介入をしていくが、軍事力としてあてにしていたのは、関東であった。ヤマトの王が脅して、関東の兵を動員したのではない。むしろ、彼らは、喜び勇んで出兵したのではなかったか。

なぜこのようなことがいえるかというと、それは、既得権益に甘える「物部氏ら西側の豪族」と「関東の民」の間には、「ヤマトの王」に対する異なる思いがあったからである。西側の豪族たちにすれば、「ヤマトの王はわれわれが立て、支えている」という意識があっただろう。極論すれば、「いつでも王をすり替えることができる」とも考えていただろう。ところが、「関東の民」は、全く違っていたはずだ。関東の繁栄は、ヤマト建国によってもたらされた。関東にとって「ヤマトの象徴＝ヤマトの大王（天皇）」は福の神であり、ヤマトの王を畏敬の念をもって仰いでいたことだろう。

一方、ヤマトの大王は、実権の伴わない祭司王であった。ところが五世紀になると、たびかさなる出兵によって、東アジアで名を売ることとなる。これに伴い、ヤマトの王家が、次第に力をつけていったようなのだ。そして五世紀後半、雄略《ゆうりゃく》天皇は「強い王」を目指して奮闘している。

雄略天皇は、兄・安康《あんこう》天皇の暗殺事件を受けて、並みいる政敵を武力によって打ち倒し、王位をもぎ取っている。また、雄略天皇は独善が多く、誤って人を殺してしまうことがしばしばだったといい、人々は、「大《はなは》だ悪《あ》しくましします天皇《すめらみこと》なり」と、罵ったという。このため、雄略天皇が寵愛する者は、渡来系の数人の役人だけだったという。

天皇家の正統性を証明するための正史のなかで、「悪徳天皇」が描かれていることは謎めくが、ここで強調しておきたいのは、雄略天皇が改革事業の先駆者だったということである。七世紀から八世紀にかけての中央集権化事業の先鞭をつけたのが、雄略天皇と考えられている。さしずめ雄略天皇は、古代版織田信長といったところだろうか。

ただ、どうにも不審なのは、クーデターによって玉座を獲得した雄略天皇に、これといってめぼしい味方がいなかったことである。当時もっとも栄えていた葛城《かつらぎ》氏をクーデターで滅ぼし、吉備に軍勢を送り込んでいる。この政変劇を後押ししたのが、いったい誰だったのか、『日本書紀』は何も語らないのである。

しかし、怪しいのは「関東の豪族」である。彼らこそ、改革派の雄略天皇を、密かにバックアップしていたのではあるまいか。

「関東や東国の豪族」にとって、ヤマト建国来の既得権益に胡床《あぐら》をかく西国の豪族たちの力を弱めるには、ヤマトの王と手を組み、改革事業（ようするに中央集権化）を押し進めた方が、得策だったはずだからである。

関東や東国には、地勢上の理由で、西国の豪族の力を削ぐ必要があった。理由は簡単なことで、三世紀来のヤマトを主導していたのは、「瀬戸内海勢力」であり、彼らは建国の直後、出雲潰しに走り、瀬戸内海が流通を独占する体制を確立していたのである。したがって、先進の文物は、朝鮮半島→北部九州→瀬戸内海→河内→ヤマトの順に送られてくる。そして東国は、頭を下げてこれを貰い受ける。建前上は、ヤマトの大王から下賜《かし》される威信財や鉄器は、実際には瀬戸内海勢力の慈悲なのであり、これではいつまでたっても、東国は西国に隷属したままとなってしまう。だからこそ、東国はヤマトの王と手を結び、西国の守旧派を追い払う必要に迫られたのである。

改革派大王の登場と関東の発展

実際、考古学は、「東と天皇」のつながりを、すでに証明しているように思われる。

まず、さきたま古墳群の稲荷山古墳（埼玉県行田《ぎょうだ》市）から発見された鉄剣に、この地の豪族が代々都に出仕し「杖刀人首《じょうとうじんのかしら》（親衛隊長）」として仕えていたこと、さらに、五世紀後半、乎獲居臣《をわけのおみ》なる人物が、「天下《あめのした》を左治《さち》していた（王の統治を助けていた）」という銘文が刻まれていたのである。とすると、五世紀後半、関東の豪族が、深くヤマト朝廷の内部で活躍していたことは、ほぼ間違いないであろう。

それだけではない。雄略天皇が登場したころ、関東平野は、急速に発展している。この時期から六世紀にかけて、関東地方が、全国有数の巨大前方後円墳の密集地帯に変貌していくからである。また、同様に、越《こし》（北陸）や東海地方も、五世紀末から六世紀にかけて、全盛期を迎えるのである。六世紀初頭に越の継体《けいたい》天皇が担ぎ上げられるのも、このような関東や東国の発展という現象を考えなければ、説明がつかないことなのである。

また、継体天皇が「日本海側から現われた」という事実も、意味深長である。この時代の越は、独自に朝鮮半島との間に交易を行なっていたようで、ヤマトを出し抜き、最先端の文物を獲得していたことが、確かめられている。越や東国は、ようやく「日本海」を復活させることができたということだろう。すでに、三世紀来続いた「瀬戸内海体制」は、崩壊しつつあったのである。

改革派の大王の登場と関東の発展。この流れは、七世紀にも継承されていたように思われる。

他の拙著のなかで、七世紀の蘇我氏が、改革派だったことを述べてきた。これまでの常識とは異なるが、通説も次第に、蘇我氏の業績を見直しつつある。その蘇我氏は、乙巳《いっし》の変（蘇我本宗家滅亡）の直前、東方儐従者《あづまのしとべ》という屈強のガードマンに守られていたという。蘇我入鹿《そがのいるか》の父の名は「蝦夷《えみし》」であり、別名を「武蔵」といった。「蝦夷」も「武蔵」も、東国と関わりが深い。やはり、改革派と東国は、見えない糸でつながっている。

もう一つ分かりやすい例が、大海人皇子《おおあまのみこ》（のちの天武《てんむ》天皇）の起こした壬申《じんしん》の乱（六七二年）なのである。

壬申の乱を制した大海人皇子は、即位して天武天皇となり、律令制度を完成させるために、全精力を使い果たしている。この人物は皇族だけで政局を運営するという極端な政策をとったが（これを皇親《こうしん》政治という）、これは、私地私民《しちしみん》制度の廃止、公地公民《こうちこうみん》を実施するためにとった一時的な方便である。

いずれにせよ、雄略天皇以来継承された改革事業は、ほぼこの天皇の時代に形を整えるのだが、この「改革派の天皇」は、壬申の乱に際し、東国の大軍事力を総動員して勝利を収めている。東海の雄族・尾張《おわり》氏だけではない。甲斐や信州の騎兵隊まで招き寄せ、不利な形勢を一気に逆転している。それはなぜかといえば、五世紀来続いた改革派＋東国と、守旧派＋西国の抗争が、最終局面を迎えていたからだろう。

このように、強い王、中央集権国家と東国は、あらゆる場面で、つながってくるのである。

銅鐸は渡来系の祭器なのか

なぜ東国と天皇家のつながりを掘り下げたかというと、ヤマトの王の根っこには、「出雲」が隠されていたこと、そして、祭司王に過ぎなかったヤマトの王が力をつけたとき、「出雲」とつながっていた東国が、ヤマトの王を後押ししていたからである。

しかも、「出雲」とつながっていた「東国」は、弥生時代に至っても「縄文的な文化」を誇りにし、守り抜いていた地域だった。

ここに、「出雲」と「東」、「出雲」と「縄文」との絆を感じずにはいられない。しかもその「出雲」の末裔がヤマトの大王家だとしたら、ヤマトの王家と「縄文」の間にも、目に見えぬパイプが隠されていたかもしれない。天皇が単純な渡来系の「倭人王」であったかどうか、じつに怪しくなってくるのである。

もっとも、弥生時代の出雲は、青銅器文化のまっただなかにあったではないか、と思われるだろう。金属器こそ、渡来系の文化に彩られた弥生時代の象徴的存在であったから、出雲が縄文的という仮説は、あまりに恣意的ではないか、ということになる。

だが、銅鐸《どうたく》そのものが、はたして渡来の文化だけで造られていたものなのだろうか。
そこで最後に、銅鐸について考えてみたい。

日本列島で独自に発達した巨大銅鐸

銅鐸の出現は、青銅器文化の半島からの流入、つまり、弥生《やよい》という時代と切っても切れない関係にある。

はじめ北部九州に伝わった銅鐸は、弥生前期の終わりごろ、国内で鋳造《ちゅうぞう》されはじめた（紀元前一世紀あるいはもう少し時代がさがるともいわれ、明確な定説はまだない）とされるが、初期の銅鐸は、のちの時代と比べると、非常に小さなものであった。これが小銅鐸とよばれるもので、高さは五～一〇センチほどの大きさであった。のちの時代、一メートルを超すような銅鐸は、日本だけにしかない化《ば》け物《もの》銅鐸とでもよぶべき代物《しろもの》である。

九州に伝わった小銅鐸は、そもそも大陸や半島では、〝道具〟として使われていた〝鈴〟であった。ところが、弥生中期ごろから、畿内《きない》を中心に、しだいに銅鐸は独自に発展し巨大化へと進むのである。この結果、西日本を二分する青銅器文化圏ができ上がり、九州を中心とする銅剣・銅矛《ほこ》文化圏と、畿内を中心とする銅鐸文化圏が成立していった。

九州から銅鐸の鋳型《いがた》が出たり、また出雲では銅剣と銅鐸が出土するなど、この二つの明確な文化圏は幻《まぼろし》であったとする説がでているが、九州の鋳型は小銅鐸のものであり、少なくとも、弥生後期の巨大銅鐸という視点でいえば、西日本を二分する文化圏は否定できないのである。

ところで、畿内を中心に、銅鐸が巨大化していったのは、実用品であった銅鐸を祭具として用いたためで、このあたりの事情は、銅鐸の本来の用途、〝鈴〟から置き物に変わってゆくことで確かめられる。

〝鐸〟は、大陸や朝鮮半島で吊《つる》されて鳴らすものであったから、当初日本でも、吊手《つりて》〝鈕《ちゅう》〟は、実用にかなう頑丈《がんじょう》なつくりになっていた。ところが、この鈕の部分は、しだいに形式化し、扁平《へんぺい》の板状のものとなって、装飾文があしらわれるようになるばかりか、鐸身の三分の一も占めるほど肥大化し、たんなる飾り板にすぎなくなっていったのである。

この結果、銅鐸は、鳴らして何かを伝える道具ではなく、どこかに安置して祭る対象となっていったと考えられるのである。

このことはつまり、銅鐸が弥生を代表する渡来文化の象徴であると同時に、日本列島で独自に発達した代物でもあったことを示している。

銅鐸をめぐる謎

その使用目的が独自であったために、銅鐸は、多くの謎を残したといえよう。

その例をいくつかあげるとつぎのようになる。

まず第一に、これは有名な話だが、弥生中期に巨大化をはじめた銅鐸は、後期に全盛時代を迎えるが、ヤマトに巨大古墳が誕生する直前、なぜか、ぱったりと、地上から姿を消すのである。この現象は、出雲の地で若干《じゃっかん》早くはじまっていたようだ。弥生時代中期後葉、出雲に四隅突出型墳丘墓《よすみとっしゅつがたふんきゅうぼ》が出現すると、銅鐸と銅剣は地中に埋められてしまったと考えられている。

第二に、銅鐸の埋められている場所が不可解であった。多くは、人里離れた山の斜面に、一定の法則をもって埋められていたのである。銅鐸を横から見ると、鰭《ひれ》が腹の部分にくっついているが、かならずこの鰭を天と地、上下にして、複数の銅鐸が整然と並べられていた。

このことからしても、銅鐸が〝ゴミ〟として、ぞんざいに捨てられたのではないことは確かである。

また第三に、すでにふれたように、西日本の東西を二分するかたちで、銅鐸が東側の文化圏を形成していたということ。

そして第四に、これも有名な話だが、正史『日本書紀』が銅鐸をまったく無視していることである。たとえば、イザナギ、イザナミが天浮橋《あめのうきはし》に立って国土をつくるのに用いたのは、〝天之瓊矛《あめのぬぼこ》〟で、また、天照大神の天岩戸《あまのいわと》隠《がく》れに際しては、八咫鏡《やたのかがみ》が用いられた。

矛や鏡は北九州で盛んに用いられた青銅器であったことは、あらためて述べるまでもないが、なぜか畿内の祭具、銅鐸はまったく姿をみせない。

八世紀ごろの朝廷は、地中に眠る銅鐸を忘れ去ってしまったのであろうか。

なぜ銅鐸は抹殺されたのか

平安末期に成立した歴史書（正史ではない）『扶桑略記《ふそうりゃっき》』には、つぎのような銅鐸をめぐる記事がある。

天智《てんじ》天皇御宇《おんう》七（六六八）年正月十七日、近江京、崇福《すうふく》寺建立のとき、一人の工人によって高さ五尺五寸（一メートル六六センチ）の宝鐸が発見され、その場に居合わせた百済《くだら》人にはそれが何であるか、まったく分からなかったとしている。

少なくとも、地中から青銅器が突如《とつじょ》現われたことは奇瑞《きずい》であっただろうから、この説話が事実であったとすれば、朝廷はなぜこれを喧伝《けんでん》し、歴史にとどめなかったのだろうか。もっとも、『扶桑略記』の件《くだん》の記事は、あまり当てにならないとする説もあるから、はたして『日本書紀』の編者が銅鐸の存在を知っていたかどうか、断定はできない。

ただし、石野博信氏は『銅鐸』（学生社）のなかで、奈良時代、〝鐸〟という字が使用されていたこと、これを鈴や鐘でいい表わさなかったのは、鐸の本来の意味、大きな鈴で内側に舌を入れて鳴らすものであることを知っていたからではないかとして、

そうすると、弥生時代の銅鐸というものがかつてあって、それが忘れられたようになっているけれども、それは意図的に忘れるために消したのかもしれない。（中略）そういうふうに考えると、銅鐸の歴史はもしかしたらかなり変わってくるのではないか。銅鐸の消滅した事情が変わってくるのかもしれない。（後略）

と述べるが、これは興味深い指摘といえよう。

このように、八世紀に銅鐸は地上と文献から姿をくらまし、その正体が闇《やみ》に埋もれてしまった

ことは間違いなく、多くの先人が、この謎の解釈をめぐって、論争を繰り広げてきたのである。

一般に、銅鐸は農業の祭祀《さいし》に用いられたと考えられている。そして、これを何かの目的をもって地中に埋め、祭りのときに取り出したのであるならば、それは地霊・穀霊の依代《よりしろ》のつもりであり、つまり、土地の福の神が地中の銅鐸に宿り、これを掘り出して祭ったとする説である。

また、銅鐸は埋めたまま二度と掘り出さなかったと考える人々は、外部からの侵略に遭《あ》い、たいせつな宝器を地中に隠したのではないかとする説や、穀霊を守るための銅鐸を、邪霊の侵入を防ぐために地中に埋めたとする説もあって、決定的な推理は、いままでのところ出ていないのが現状といえよう。

また、近年、銅鐸が農業祭祀だけではなく、海の民の間でも祭られていた気配が出ているから、地中に埋めることの真意が、なおさらわからなくなってきているのである。しかも、なぜ古墳の登場で一気に地上から姿を消したかとなると、皆目《かいもく》見当がつかず、銅鐸が謎の青銅器とされる大きな理由となっている。

藤森栄一氏の銅鐸論

銅鐸の謎は、そう簡単には解けない——これが常識であり、筆者も謎解きをあきらめ、他の拙著では手をふれずにおいたのである。

ところが、一冊の著書に出会い、ひょっとすると……という気になった。藤森栄一氏の『銅鐸』(学生社)である。

故藤森氏の記したこの著書が、約四十年も前にベストセラーになっていたにもかかわらず、今日その推理が一顧《いっこ》だにされないのは、いくつかの要因があると思われる。

その第一は、藤森氏が信州諏訪《すわ》の一地方の郷土史家にすぎなかったこと、しかも、旧制中学卒業後、独学で考古学を研究し、どこの学閥にも属さなかったことが一つ。

そして、著書の題にあるように、藤森氏は「銅鐸」の謎を解明しようと試みたが、その内容は、諏訪地方の〝鉄鐸〟の解釈に多くの時間を費やし、鉄鐸と銅鐸の同一性に、決定的な証拠を提示できなかった点にある。

しかし、その対象が、たとえ〝鉄鐸〟であったとしても、銅鐸を考えるうえで、藤森氏の提言は非常に示唆《しさ》に富んだものであり、これを無視することはできないように思われる。

そこでしばらく、この藤森氏の研究についてふれることにする。

さて、藤森氏が展開する鉄鐸をめぐる推理の対象となるのは、諏訪大社の神社第一の祭り大御《おおみ》立座神事《たてましのしんじ》だ。ここでは「大祝《おおはふり》」諏訪氏と「神長《じんちょう》」守矢氏が重要な役目を負っている。

この諏訪氏は、かの建御名方神《たけみなかたのかみ》の末裔《まつえい》とされ、かたや守矢氏は、建御名方神の諏訪入りを許した土着の洩矢《もりや》神の末裔というから、〝神代〟が残る諏訪の特殊な環境をまず肝《きも》に銘じなければならない。

この地には、〝さなぎの鈴〟とよばれる鉄鐸があって、これが地中から発掘された出土品ではなく、伝世品であり、少なくとも、中世にいたるまでは実際に祭祀に使われていたというのである。

たとえば、武田信玄の父・武田信虎《のぶとら》は、諏訪頼満《すわよりみつ》（碧雲斎《へきうんさい》）との和議に際し、甲信国境付近で諏訪大社の御宝鈴を神長の守矢氏に鳴らしてもらうことで誓約のしるしにしたという記録が残っている。また、子の晴信《はるのぶ》（信玄）も同様に、宝鐸の力を借りて、土地にかかわる誓約・誓詞を成立させていたのである。

このことから、諏訪大社の鉄鐸が、いかに珍重され、霊験《れいげん》あらたかであったかがわかるが、こ

縄文的な信仰が残る諏訪大社（長野県諏訪市）

の鉄鐸の本来の使用目的は、「誓約《うけい》の鐸」ではなく、諏訪大社第一の祭事、大御立座神事とこれにつづく神使の巡幸、湛《たたえ》神事、御頭郷《おんとうごう》御左口社《みしゃぐちしゃ》での神事に大いにかかわりがあったとされている。

そして、この大御立座神事からつづく一連の神事が、鉄鐸のみならず、銅鐸の謎を解く重大なヒントを与えてくれるのである。

大御立座神事のこと

大御立座神事は、三月初午《はつうま》の日から十三日間つづく春の祭りの中心に位置し、神の使いが諏訪周辺を巡幸する際、諏訪上社《かみしゃ》で行なわれる祭事である。ここで、神使に御杖と御宝が用意され、渡されると、神使たちは、御廻神という巡幸に出る。

ここにある御杖は、神官たちによって献じられた榊《さかき》を束ねた杖、御宝は錦《にしき》の袋に入り見ることはできないが、大鈴のごときものとされる。藤森氏は、これを鉄鐸と考え、本来は、杖の先端に、鉄鐸を吊《つる》したものが御杖だったとする。

それは、諏訪大社の社伝に、神社の鉄鐸が、往古、神使が巡幸に使用した宝鐸であったと記録されているからである。

そして、長野県筑摩《ちくま》郡小野村（現在の塩尻《しおじり》市北小野）にある県社小野神社と、この隣に接する矢彦《やひこ》神社（上伊那《かみいな》郡辰野《たつの》町小野）に、やはり鉄鐸が現存し、これらが、矛《ほこ》にぶら下げるという古態をよく残しているとされ、諏訪大社の廻神の際、別々となった杖（矛）と御宝（鉄鐸）は、本来このようなかたちで祭具とされていたとするのである。

この二つの神社では、矛（神代矛）にたくさんの白和幣《しらにきて》（木綿の幣《ぬさ》）が飾られ、そのなかに、数個の鉄鐸がぶら下がり、矛を揺らすと鐸と鐸がぶつかり、こすれて、からからと音を立てる仕組みになっている。

また、『諏訪大明神画詞《だいみょうじんえことば》』という文書には、御宝を御杖に懸《か》けると出てくること、もう一つ、手がかりとなるのは、九世紀初頭、神道祭祀に深くかかわりのあった斎部《いんべ》氏の記した『古語拾遺《こごしゅうい》』で、ここに、〝鉄鐸〟の使用法が残っている。

縄文時代からの信仰を守る御頭御社宮司総社（長野県茅野市）

それは、天照《あまてらす》大神《おおみかみ》の天岩戸《あまのいわと》神話の一節で、つぎのようにある。

天目一箇神《あめのまひとつのかみ》をして雑《くさぐさ》の刀《たち》・斧《をの》及《また》鉄《くろがね》の鐸《さなき》を作らしむ

手に鐸《さなき》着《つ》けたる矛を持ちて

とあって、鉄鐸を矛に取りつけて神事に用いると記録されていたのである。

銅鐸は独立巨樹の下に埋められた？

諏訪大社の祭り、神使巡幸の話に戻そう。

御宝をぶら下げた杖を携えた神使の一行は、各地の〃御左口社《みしゃぐちしゃ》〃に着くと、この鉄鐸を神体として祭祀を行ない、この場所を湛《たたえ》と称したという。

この〃湛〃とはなんだろう。

水をいっぱい湛《たた》えるや、満面の笑《え》みを湛えるの〃湛〃であるが、これはどうも当て字らしい。

諏訪大社周辺には、七種類の木の名、称木《たたえぎ》の群れがあるという。この称木が、〃タタエ〃の本義を明らかにしているという。

『銅鐸』から引用する。

桜《さくら》タタエ（茅野《ちの》市粟沢。現在その跡あり）
檀《まゆみ》タタエ（諏訪市真志野）
峯《みね》タタエ（茅野市高部火焼山頂。現存）
檜《ひくさ》タタエ（茅野市玉川神の原七社明神境内）
松《まつのき》タタエ（諏訪市神宮寺上社本宮内今橋）
栃《とちのき》タタエ（諏訪市四賀神戸北小路、神木様または橡木様）
柳《やなぎ》タタエ（茅野市矢ヶ崎）

ここで注目すべき点は、これらの〝タタエ〟の本義が、民俗学的にいうと、〝タタリ〟〝依坐《よりまし》〟（つまり、神が降りる場所）であったという点にある。巨木に神が降り、それを祭るのが、御杖・鉄鐸だったというのである。巨木が依坐であるというのは、諏訪の御柱《おんばしら》祭りを見れば、その意味は明瞭《めいりよう》であろう。

では、タタエ木の神事が、いったいどれほどの意味をもっていたのか、多くのタタエの木が山腹の傾斜地にあったことに注目した藤森氏は、つぎのように述べる。

あるとき、私には一つの回想がひらめいた。——山腹の、何んにもない傾斜地に多かったもの、岩石も地形も、何んの目標もなくて、埋められているものがあった。銅鐸である。そうすると、銅鐸の埋没も、埋没の目標はありえたのだ。いや、たしかにあった。それは独立巨樹、すなわちタタエである。——私はボコボコとタタエからタタエへ歩きながら、こんな思いつきを考えた。

銅鐸が巨木の神の憑代《よりしろ》の元に埋められたとしたらどうだろうか。そして、ひとりで苦笑しながら否定した。——思いつきはいかん——

それでも、何か笑殺してしまえないものがあった。

そこで藤森氏は、諏訪のタタエと称される地を再調査し、おおよそつぎのような特徴をつかんだのである。

多くは縄文中期中葉からつづき、弥生遺跡は少ないものの、末期古墳をともなう場合が多く、また、六〜七世紀に最も栄えた水稲農耕集落ともかかわり、独立巨樹にわずかな関係が見出せるということである。

淫祠邪教と銅鐸を結ぶもの

このタタエをめぐるいくつかの資料だけでは、タタエと銅鐸の関係はつかめない。そこで藤森氏はタタエと深いかかわりのある御左口神《みしゃぐちじん》に注目したのだ。

御左口神は、古い土着の生殖神として、また現在では、淫祠邪教《いんしじゃきょう》（いかがわしい神・性崇拝）と見られがちである。というのも、御左口神を祭る神社の境内には、男根や女陰を象《かたど》った〝石〟が祭られる場合が多いためで、この聖域のよび名も、「御社神宮・狭口神・左口・左久神・おしゃも神・おしゃもじさま」などと、一定の名前が見当たらないという。また祭神も、サルタヒコ・

アメノウズメノミコト・保食神《うけもちのかみ》・役除神《やくよけ》などなど、記紀神話の表舞台で活躍する神ではなさそうである。

この不可思議な神体は、諏訪だけではなく、長野県から関東一円や、銅鐸文化圏の東の圏域を中心とする中部日本全域にまで広まり、それは、中期縄文遺跡とも重なっている。そして、これら御左口神の御神体の多くは、石棒（男性）、石臼《いしうす》（女性）が多く、また立石状自然石や縄文時代の石棒が見られるというのである。

一般に御左口神が淫祠視されたのは、これらの御神体の形状から来ていて、それは、中近世の民間信仰のように思われがちだが、実体は、縄文時代から引き継がれた自然崇拝であった。そして、特筆すべきは、この御左口神には、古く祠《ほこら》がなく、「シャクジノ木」や「ミシャグジノ木」という巨木だけが屹立《きつりつ》していたという事実なのである。

したがって、藤森氏は、

神の憑代《よりしろ》としての巨木と、ミシャグジンと、そして鉄鐸は、一連の関係下にあるということができるのではないだろうか。

とし、銅鐸埋葬は、この巨木の下で行なわれていたのではないかと推理したのであった。

そしてここに、鉄鐸と銅鐸という大きな違いがあるが、そもそも銅鐸は、矛にぶら下げて鳴らすもの（小銅鐸）であり、鉄鐸は銅鐸の本来の機能を受け継ぎ、かたや小銅鐸は、畿内を中心に巨大化していったのではないかと考えたのである。

この藤森氏の指摘は、銅鐸をめぐる大きな謎に光明を与えるものとなるのではあるまいか。

銅鐸の埋納が、なぜ人里離れたなだらかな斜面に集中し、周囲に目じるしらしきものがなかったのか。この不思議さは、銅鐸廃棄《はいき》説、侵略された土着民の隠匿《いんとく》説まで生んだ。しかし、捨てたにしても、あるいはどさくさに紛《まぎ》れて隠したにしても、列島ほぼ全域で、一定の法則にのっとって埋められていた事実は、どうしてもこれらの説を否定していたのである。

では、なぜ何の目じるしもなく、また、聖地とも思えぬ場所に、銅鐸は並べられていたのか――かつてそこに巨木が根を張り、縄文以来つづいていた聖地であったと考えることで、十分説明が可能となるのである。

それでは、なぜ銅鐸は、古墳時代に突入する直前、地上から姿を消したのであろうか。そしてこのことが、ヤマト誕生とどのようにかかわってくるのであろうか。

銅鐸がまず出雲で捨てられたことの意味

銅鐸が地上から姿を消す過程で、二つの段階を経ていることが、大きな意味をもっているように思える。

日本で最初に銅鐸が地中に埋められたのは、出雲である。

弥生中期後葉、紀元一世紀ごろ、この地に四隅突出型墳丘墓が出現し、弥生後期に盛行するが、ほぼ同時に、銅鐸はまず出雲の地から消えている。そして第二段階が、三世紀、畿内を中心に、前方後円墳が登場する直前、銅鐸は日本列島から忽然《こつぜん》と姿を消したのである。

なぜ銅鐸は、墳丘墓や古墳の出現と同時に、消されてしまったのであろうか。

出雲がヤマト誕生に大きな影響力を及ぼしたことと、前方後円墳の造営に出雲が大いにかかわっていたことを思うとき、ヤマトが銅鐸を〝積極的〟に地中に埋めたのは、出雲のやり方を採用したからではないかと思えてくるのである。

それは、銅鐸消滅を説明する有力な考えとも符合する。すなわち、各首長や、各地域の祭祀を、強い王がつみ取り、統一化、中央独占化する過程で、銅鐸（青銅器）祭祀の根絶が目論《もくろ》まれたのではないかとする推理である。

出雲で埋められた銅剣が周辺の古い神社の数に近いことなどから、銅剣や銅鐸といった祭祀に用いる青銅器が各集落に備わっていた可能性が強く、それらの青銅器を一度に埋めることができたとすれば、それはかなり強制的な作業であったろうし、各地でばらばらではなく、整然と法則をもって地中に並べられていた事実を思うとき、統一された意志の存在を仮定せざるをえないのである。

日本の固有の信仰が精霊崇拝、祖霊信仰、首長霊信仰の三層からなると述べる武光誠氏は、首長霊信仰の発生こそ、日本統一のきっかけだったと断言する。

王家は、大和や河内の有力豪族の祖神を王家の祖神の下位に位置づける。それとともに地方豪族の祖神も朝廷がつくる神々を組織した秩序の中に組み込んでいく。(『真実の古代出雲王国』武光誠　ＰＨＰ研究所)

この結果、全国の首長は、王家（天皇家）の祖神↓各地の首長の祖神というピラミッドのなかに組み込まれたとするのである。

ここにいう精霊信仰とは、縄文人の、生きとし生けるものに精霊が宿るというアニミズムで、祖霊信仰は、先祖がすべて神となるという弥生時代中期に中国大陸の江南《こうなん》から伝わった信仰であるという。

たしかに、こう考えることで、天皇家を頂点とする国家体制と銅鐸の消滅という過程は、ある程度説明できるかもしれない。

たとえば弥生時代後期、稲作の普及の結果、西日本で人口爆発が起き、この余波が中部地方から東国を襲い、古墳時代前期には、大量の移民が、かたくなに縄文文化を守りつづけた中部地方内陸部や関東北部、東北南部へと進出して行った。

そして、呪術《じゅじゅつ》性に満ちた縄文的な土器の文様は失われてゆくが、これは、一部の有力者による呪術の独占にほかならず、この有力者が、古墳に埋葬されるようになったと考えられている。

弥生時代は、土器の器面に表れた生活者の呪術・呪性をいかに消滅させるかの歴史でもあった。(『古代の日本　七・中部』岡本孝之　角川書店)

とさえいわれているのである。

しかし、はたしてこれほど直線的に、歴史は進化していくものなのだろうか。弥生時代、古墳時代と進むにつれ、過去の文化、習俗は、きれいに忘れ去られてしまうものなのだろうか。そうではなく、縄文の息吹は、さらに生き続けたのではなかろうか。しかもそれを証明しているのが、銅鐸の埋納だったように思えてならないのである。

銅鐸の埋納の謎を解きあかすのは「根の国」

銅鐸埋納の真相を明かす手がかりの一つは、根の国であろう。

スサノオは当初、高天原から根《ね》の国《くに》に追放されそうになった。根の国とは黄泉の国でもあり、地中の国、穢れた死の世界である。

出雲には、実際に黄泉《よみ》の国の入口の伝承地・黄泉平坂《よもつひらさか》（島根県東出雲町）があり、ここから国生みの神として知られるイザナミが、黄泉の国に去っていったという。『古事記』によれば、イザナミの夫・イザナギは、妻を追っていくが、黄泉の国で腐り果てた妻の醜い姿を見てしまい、恐ろしい体験をしたという。また『古事記』によれば、因幡の素兎《しろうさぎ》神話で、兄たちに殺された大己貴神《おおあなむちのかみ》は、根の国のスサノオの元を訪れ、生き返ったとある。このように、出雲そのものが、根の国のマイナスのイメージを負っている。

根の国は死の世界だが、いっぽうでは再生の世界でもある。大己貴神が根の国にいくことによって蘇るのも、そのためだ。なぜ根の国が「死と生」の二面性をもっていたかというと、縄文時代以来継承されて来た、地母神《ちぼしん》信仰に由来するのだろう。

縄文人は盛んに土偶を造り、呪術に用いていた。亀ケ岡《かめがおか》遺跡（青森県つがる市）の遮光器土偶《しゃこうきどぐう》が、もっともよく知られた土偶だろう。

土偶の特徴は、「女性」を強調した造形であること、多くが破壊され、地中に埋められていたのである。せっかく造った土偶を、なぜ破壊し、地中に埋める必要があったのだろう。これこそが、地母神信仰なのである。

死んだ女神の死体から、多くの穀物の種が生まれるという話が、記紀神話に登場している。母なる大地という言葉があるように、世界中で、「万物を生み出す大地は女性」という観念があった。女性は、豊穣の女神であり、また、女神を殺すことによって、豊穣がもたらされるという通念も存在した。だから、土偶は破壊され、地中に埋められたのである。

ひるがえって、諏訪の鉄鐸に注目すれば、矛に取り付けられ、神事に用いられていた。矛は男根のシンボルであり、鐸は女性のイメージである。さらに、島根県雲南市加茂町の加茂岩倉遺跡からは、大量の青銅器が発見されたが、そのなかに、銅鐸のなかに小さな銅鐸を納めて埋納するという「入れ子銅鐸」が十五個みつかっている。大きな銅鐸は「母」、小さな銅鐸は「胎児」であろう。「胎児を宿した母」を地中に埋めることによって、豊穣の呪術が完成したに違いない。

女性のシンボルとしての銅鐸は、根の国（黄泉の国）に追いやられたイザナミや豊穣の女神そのものである。そして、出雲の地で真っ先に銅鐸が地上から姿を消したのは、銅鐸が不要になったからではなく、豊穣の呪術を執り行なったからではなかったか。その証拠に、荒神谷《こうじんだに》遺跡（島根県簸川《ひかわ》郡斐川《ひかわ》町大字神庭《かんば》）では、青銅器埋納後も、遺跡周辺で火焚き神事が綿々と引き継がれていたことが分かっている。

縄文的色彩を帯びた銅鐸

銅鐸は青銅器であるから、この祭具は弥生を代表する神宝である。しかし逆に、この祭具が縄文的な文化を引き継いだものではないかという疑いも強いのである。

たとえば、流水紋《りゅうすいもん》、袈裟《けさ》襷《だすき》紋などの複雑な紋様は、縄文土器の精神文化と通じるところがあるとされている。

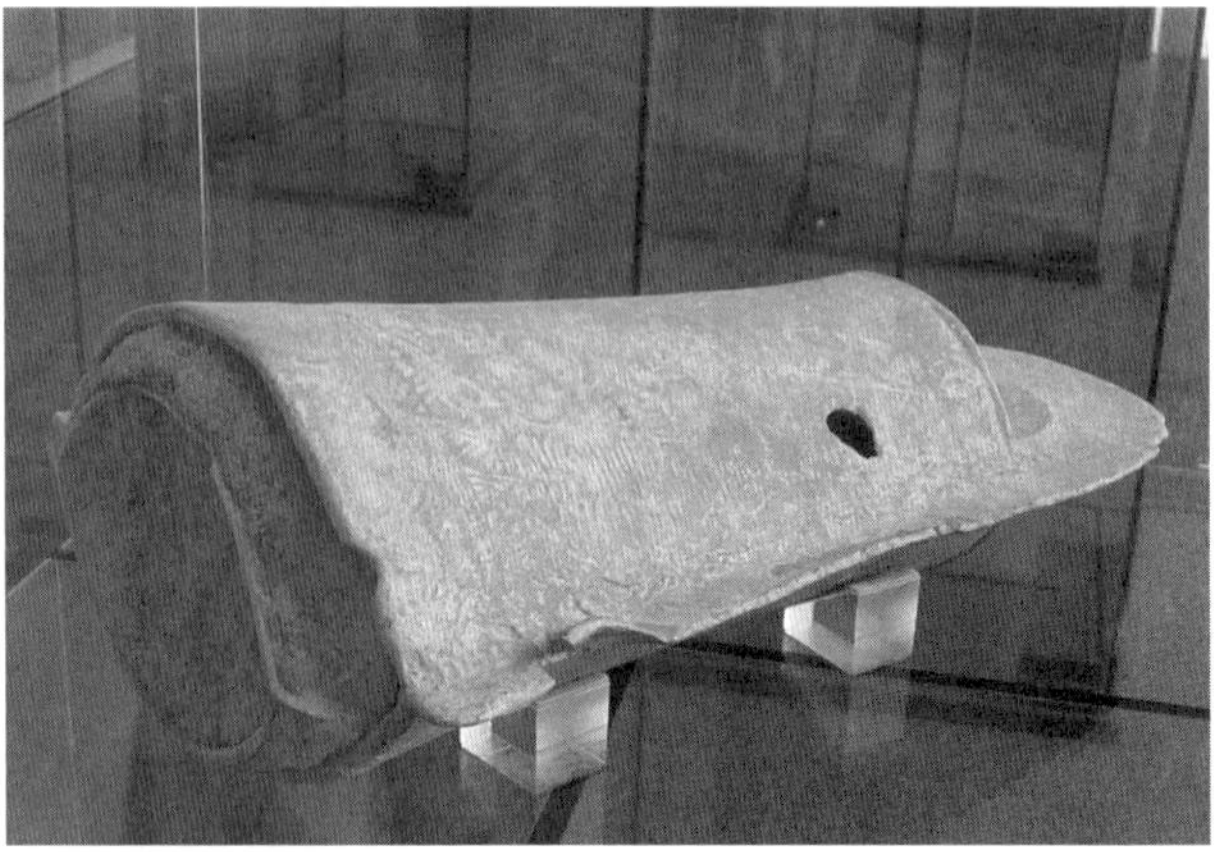

加茂岩倉遺跡の銅鐸の入れ子（島根県雲南市加茂町）

また、興味深いところでは、大和岩雄氏の、つぎのような指摘がある。

出雲の銅鐸や銅剣には、ある一つの共通点があって、そのほとんどの出土品に、謎の×印が刻まれていたという。しかもそれは、なぜか隠された部分、人の目にはつかぬ場所に印《しるし》がしてあるというのだ。たとえば、銅戈《どうか》なら柄《つか》の下、銅鐸の場合、鈕《ちゅう》の部分で、ちょうど吊手《つりて》で吊ると隠れてしまう場所である。

大和氏は、これを——秘することによってより以上の呪力を発揮させる——縄文時代からつづく伝統ではないかと疑っている（『邪馬台国の時代』黒岩重吾・大和岩雄　大和書房）。縄文後期の男根状石棒の亀頭部にやはり×印があって、これを桜の皮で隠していた例が存在することを重視したのである。

また、銅鐸が、ときに人の手で破壊されて埋められていることも、縄文人が土偶《どぐう》を壊して土葬したことと共通するかもしれず、さらに、銅鐸が地中に埋められたことが、祭祀の一元化を目論《もくろ》んだものであっても、もう一つ、縄文的で土着的な風習の延長線上にあったのではないかとも疑えるのである。

仮に銅鐸の消滅が巨大な権力の発生と関係があったとしても、それは、祭祀の一元化とともに、悪しき伝統、生け贄《いにえ》をなくす、という意味あいも兼ねていたのではあるまいか。

これは、『銅鐸』の藤森氏が指摘していることだが、件《くだん》の御廻神の神事に際し、神使に選ばれた十五歳の童男《わらべ》が、たびたび祭りで姿を消したという。どれほど古い話なのか定かではないが、どうやら密殺されたらしい。殺されないにしても、童男がかなり痛めつけられたらしいことは、ちゃんと記録にも残っている。体を縛《しば》られ馬に乗せられ、引きずり回され、しこたま叩《たた》かれたというのである。

このような風習は、能登《のと》半島の羽咋《はくい》市の気多《けた》神社でも行なわれていたようで、神使巡幸の際、神使らは各地域で手荒な歓迎を受けるという。

羽咋市といえば、出雲から諏訪へと向かう建御名方神の逃亡ルート上にあり、祭神はやはり出雲神である。

はたして出雲地方にこのような風習が残っているのかどうか寡聞《かぶん》にして知らないが、建御名方神の足跡《そくせき》上に、共通の祭りが残る意味は大きい。

生け贄と銅鐸

そして、ここで注目されるのは、諏訪《すわ》の御廻神の場合、土着の守矢氏が祭りの主役として活躍している点である。あるいは、〝生け贄〟の風習は日本文化の基層に厳然として存在していたのではあるまいか。

仮にそうでなくとも、殉死《じゅんし》という風習は『日本書紀』に記録されていて、人身御供《ひとみごくう》的な存在は否定できないのではないか。

『日本書紀』垂仁《すいにん》天皇三十二年秋七月の条には、垂仁天皇の皇后が亡くなり、陵墓をつくる段になって、垂仁天皇は、近習の殉死を禁じるための方策を求めた。これは、垂仁天皇の弟が死んだとき、近習の者を生きたまま陵墓に埋めたところ、何日も生き長らえ、昼も夜も呻《うめ》き声をあげ嘆き悲しみ、そのあげくに死体は腐り、犬や烏《からす》が集まり、この光景に垂仁天皇は心を痛めていたためであったという。

そこで出雲出身で土師宿禰《はじのすくね》の祖・野見宿禰《のみのすくね》が地元から部民《べみん》をよび寄せ、埴輪《はにわ》をつくらせ、これを〝殉死〟の代わりにした、というのである。

〝殉死〟が、死して神となった天皇や皇族に捧げる〝生け贄〟とすれば、ハツクニシラス＝崇神《すじん》天皇の子の垂仁天皇の代、つまりヤマト誕生直後に、出雲出身の野見宿禰《のみのすくね》によって生け贄の風習を中止する手段が講じられたこと、代用の品が用いられたことは、多くの示唆《しさ》が込められているように思える。

ヤマトよりも早く、出雲の地でまず銅鐸が消滅したことと、このヤマトの殉死廃止とはまったくつながらないようにも見えるが、銅鐸を地中に埋めた一つの理由に、〝生け贄〟の代用という観念がなかったとはいいきれないであろう。

諏訪の例を見ても明らかなように、鐸の祭りと生け贄が密接な関係にあったとすれば、鐸の消滅は、強い権力の誕生と祭祀の一元化とともに、生け贄という風習との訣別《けつべつ》でもあっただろう。

思えば、出雲神話のはじまりは、越《こし》の国からやって来る八岐大蛇《やまたのおろち》に捧げられる生け贄の女人を、スサノオが救う場面であった。

スサノオは、女人を助けたことで、新たな宗教観を提示し、絶大な支持を得たのかもしれないのである。

あるいは、諏訪に落ち延びた建御名方神《たけみなかた》も、土着の守矢氏の風習を改めさせたのかもしれない。ただ、この地では、古い風習が完璧《かんぺき》に消えるということがなく、ときとして、神使が消えるという事故が、かなり後世まで起きていたのではあるまいか。

もちろん、これらは憶測《おくそく》にすぎない。

しかし、銅鐸が、縄文―弥生―古墳時代という古代日本のたどってきた歩みを象徴的に表わした祭器であったことは確かであろう。

銅鐸が、弥生文化の流入口、北部九州とは距離を置いた畿内を中心とし、東日本にまで広がる地域で重用されたのは、この祭具が弥生の象徴、青銅器である一方で、縄文的な香りを残す代物《しろもの》であったことと無縁ではなかろう。

弥生文化が西日本に普及し、土着の縄文人は稲作を受け入れて金属器を使用するようになり、渡来人を受け入れていった。こうして、西日本で弥生文化は花開いたのである。だが反面、精神的な面、宗教観という点に関していえば、土着の〝体臭〟はなかなか消えず、弥生文化は縄文の呪縛《じゅばく》を完全に断ち切ることはなかった。そして、その象徴的存在が銅鐸であり、〝出雲〟だったのではないか。

北部九州・遠賀川の出雲という謎

鳥取県の青谷上寺地《あおやかみじち》遺跡といえば、弥生人の脳みそが「レア状態」で発見された遺跡として知られるが、弥生時代後期に至っても、この地では縄文的な文化が残っていたことも分かっている。というのも、木製の枕（と思われる代物）に、人間の歯が埋め込まれていて、これが抜歯の風習の痕跡だったと考えられている。もちろん抜歯は、縄文人の風俗であり、出雲の東側の山陰地方での発見であるだけに、興味が尽きない。

「渡来人が造り上げたに違いない」と信じられてきた「出雲」も、「土着民の意地」を守りつづけていたようなところがある。だからこそ、東国の民は、ヤマト建国後、出雲の悲劇に共感し、またヤマトの王（出雲の王でもある）を、熱烈に支持したのだろう。

この出雲と縄文の知られざるつながりは、「北部九州の出雲」という現象からもはっきりとする。

九州北部が弥生文化の流入口であることはあらためて説明する必要はあるまい。弥生時代、つねにこの地は、日本の先進地帯であり、いち早く稲作文化が花開いた地でもある。

ところで、弥生時代の九州北部の象徴的な地名に、〝遠賀川《おんがかわ》〟がある。福岡・大分県境の英彦《ひこ》山《さん》を源流とし、遠賀郡芦屋《あしや》町に向かう全長六三キロのこの川の周辺からは、弥生時代前期を代表する遠賀川式土器が出現し、西日本各地に伝播していったのである。

もっとも、土器編年研究の進展によって、この遠賀川式土器が弥生前期全般にわたる様式ではなかったことが分かってきて、いまではあまり、〝遠賀川式土器〟の名は使われなくなってきたが、それでも、〝遠賀川〟といえば、〝弥生〟を思い浮かべるほど、強いインパクトをもった地名であり、短期間ではあったが、弥生に与える影響は強い土器であったことに変わりはない。

ところで、この遠賀川流域は、北部九州の東側に位置し、隣接する西側の地域、すなわち、『魏志』倭人伝に登場する末盧《まつら》、伊都《いと》、奴《な》などの国々とは、どうも一線を画していた気配が強い。

というのも、いわゆる弥生時代の中期以降の北部九州の象徴とされる埋葬文化、〝大型甕棺《かめかん》〟や、前漢・後漢鏡などの青銅器・武器類の副葬は、北部九州のなかでもこの西側の地域の特徴であって、なぜか遠賀川流域ではみられないのである。

このような北部九州東地域、遠賀川流域の文化の特徴について、森浩一氏は、『考古学と古代日本』（中央公論社）のなかで、

青谷上寺地遺跡で発見された歯を埋め込んだ枕（鳥取県鳥取市青谷町）

かたくなに弥生前期的な状況――もちろん縄文以来の伝統も――を継承している、

とし、さらに、

もし仮に将来の研究で、西地域に大陸からの人びとの渡来が浮かびあがったとしても、東地域はそれをかたくなにこばんだ地域（後略）

であったとするのである。

西を拒否した遠賀川

興味深いのは、北部九州の東部と出雲のつながりである。

たとえば、島根県荒神谷《こうじんだに》遺跡で発掘された三百五十八本の銅剣には、森浩一氏が〝出雲式銅剣〟とわざわざ命名するような、ある一つの特徴があった。それは、剣が長いという一点である。出雲式銅剣は、銅剣の本場北部九州の西地域のものよりも長く、このような長大化は北部九州東地域で起こったものだった。

つまり、長い銅剣は、遠賀川流域と出雲に特有の代物《しろもの》だったわけで、両者の間に、何かしらの交流が存在してことをにおわせている。

ところで、この出雲と遠賀川のつながりは、伝承のうえで裏づけられている。それが福岡県宗《むな》像郡《かた》に鎮座する宗像大社の祭神、宗像三神である。

『日本書紀』や『古事記』によれば、天照大神とスサノオの誓約《うけい》によって宗像三神は生まれたとしているが、宗像神は、なぜか天照大神よりも、出雲との接点を多くもっている。

『日本書紀』には、天照大神の言葉として、宗像三神がスサノオの十握剣《とつかのつるぎ》から生まれたところから、三女神はスサノオの子であり、スサノオに授けられた、と記されている。宗像大社に残る伝承でも、やはり皇祖神《こうそしん》天照大神よりも、スサノオや出雲が重視されているが、その伝承のなかでもひときわ重大な意味をもっていると思われるのは、『宗像大菩薩御縁起《だいぼさつごえんぎ》』に記された第七代孝霊《こうれい》天皇の四年に、宗像三神が出雲の簸河《ひのかわ》からやって来た、という件《くだり》であり、また同じく、宗像神の子が住吉《すみよし》三神であったという記述である。

森浩一氏が指摘するように、宗像神の祀られる北部九州の東地域は、かたくなに新来の文化（おもに精神面、宗教観、埋葬文化という点で）を拒《こば》みつつ、独自の文化を築いた地域であり、この地で発達した銅剣の特徴は、出雲へと伝わっていったのである。

九州北部でめぐらされた制海権争い

二つの九州という点でさらにつけ加えておきたいのは、半島と行き来する水上交通ルートが、それぞれの地域から延び、二本実在したということである。

宗像氏は海の神であり、宗像大社沖津宮《おきつみや》の沖ノ島といえば、海の正倉院《しょうそういん》として名高い。

沖ノ島は九州と、対馬《つしま》、半島を結ぶ航路上にあったために、このような特殊な祭祀が行なわれたわけだが、『魏志』倭人伝の半島から日本にいく行程を読んでみると、この沖ノ島がどこにも出てこないことに気づかされるはずである。

なぜ、重要な航路であり、神聖な地でもある沖ノ島を彼らは通らず、また、記録しなかったのであろうか。

半島と九州を結ぶ古代航路は二つあって、『魏志』倭人伝のいうルートは、〝宗像航路〟とは別の、対馬―壱岐《いき》ルートだったのである。この『魏志』倭人伝ルートの先には、北部九州西側の、いわゆる大陸文化が花開いた弥生の国々がひしめいていたことはいうまでもない。そして興味深いのは、〝宗像航路〟は、〝『魏志』倭人伝ルート〟に比べて、危険性が高く、沖ノ島にあれだけの宝物が積まれ祭られたのは、一つの理由に、航海の安全を祈ったからではないかと疑われているほどなのである。

この、宗像を祭祀する人々が、あえて危険なルートをたどらざるをえなかったのは、北部九州西地域を牛耳《ぎゅうじ》る勢力圏を通過することができなかったからであろう。九州北部の領土争いは、玄《げん》界灘《かいなだ》の制海権争いでもあったにちがいない。

それはともかく、弥生時代の最先端地域の北部九州において、二つの弥生文化が存在したことは、興味が尽きない。しかも東側は土着の風習をかたくなに守ろうとした地域であり、出雲と通じていたというのである。すると出雲とは、新来の文化を受け入れつつも、土着の文化や風習を守りつづけた地域だったといえそうである。そして、だからこそ出雲には、縄文的な残香が漂うのだろう。

ヤマト建国の真相

ここであらためて、ヤマト誕生とはいったい何だったのかを振り返ってみよう。

それは、縄文から弥生、弥生から古墳時代という時間の経過が、連続的に発展する日本人の営みのなかから説明できるはずである。

すなわち、多くの渡来人が海を渡ってやって来たこと、縄文人がこれを受け入れ混血をくり返し、小進化の道を歩んだことは事実としても、一万年以上の歴史を刻んできた縄文人の列島人としてのアイデンティティーは、そう簡単に捨てられなかったと考えられるのである。そして、日本人とは何かといえば、それは、〝出雲〟で象徴される人々の姿を通して語ることができるのではないかと思われる。

縄文中期末からはじまった寒冷化は、東北で栄えた縄文文化に大きな打撃を与えたのであった。人々はより暖かい地を求めて南下し、また西に向かった。北陸地方にこのころ花開いた巨木文明は、東北から海岸線づたいに伝播した新たな潮流であろう。そして縄文後期、出雲にも、縄文遺跡はふえはじめたとされている。

宗像大社沖津宮・沖ノ島（福岡県宗像市）

こののち、出雲は弥生・稲作文化を受け入れてゆくが、この東北から日本海づたいに南下する縄文の息吹《いぶき》と、西から東に向かう弥生文化は、出雲や越《こし》で融合《ゆうごう》し、それまでにない活力を生み出していったのであろう。

新たな文化と渡来人を受け入れながら、列島人としてのアイデンティティーをかたくなに彼らが守ったであろうことは、出雲が、渡来文化のすべてを受け入れようとはしなかった、〝遠賀《おんが》川〟と目に見えぬパイプでつながっていたことからも明らかである。

そして筆者は、三世紀のヤマト建国に出雲が貢献したこと、それにもかかわらず、その後の主導権争いに敗れ、瀬戸内海勢力（吉備）によって封じ込められてしまったと推理している。さらにその後、南部九州の地に逼塞した「出雲の御子」「日向《ひむか》の御子」が、ヤマトに連れて来られ、ヤマトの大王家が誕生したと考えたのである。なぜ彼らは復活したかというと（祭司王という地位に過ぎなかったが）、祟る出雲にヤマトの吉備＝物部がおびえたからだろう。古代人にとって祟りは現実であり、祟る神を祀ることこそ、神道の根本といっても過言ではない。ヤマトの王家が現人神《あらひとがみ》であり、荒人神《あらひとがみ》として恐れられたのは、深い根拠があったのである。

あらためて確認するまでもなく、彼らの祖は「出雲」であり、その「出雲」は、弥生時代の最先端を走りつつも、縄文的な習俗を忘れることのなかった者どもであった。「出雲の祟り」「出雲の怒り」は、地の底から湧きあがるような縄文的な呪術性をともなっていたからこそ、人々を恐怖のどん底に突き落としたのではなかろうか。

このように、一万数千年前から連続するわれわれ先祖の営みが、ヤマトという国家を作り出したのであり、ヤマトの王「荒人神（現人神）」は、縄文と弥生の葛藤と愛憎劇によって生まれた、日本人と日本の歴史の象徴そのものなのである。

おわりに

日本列島は、海に囲まれている。

あらためて述べるまでもなく、当然のことである。

だが、これまでの古代史論争において、「海」「水」「水運」という視点が、あまりに軽視されすぎてきた嫌いがある。日本海と瀬戸内海の主導権争いが、邪馬台国とヤマト建国の謎を解く鍵であったことは、これまでほとんど注目されてこなかった。

また渡来人たちは、好きこのんで、命がけの航海に出たわけではない。彼らは、故郷の混乱に見切りをつけ、新天地を求めて、日本列島にやってきたのである。いくら彼らが、徒党を組んでやって来ようとも、日本列島に入ってしまえば、少数派である。後ろを振り向けば、助けてくれる人もいない。この時代の「海」は、交易のための動脈であるとともに、大軍を寄せ付けない城壁でもあった。また、渡来人と祖国との連絡を閉ざす、障害でもあった。

渡来人にすれば、日本列島は「閉ざされた社会」でもあったろう。ここから先には、もう逃げる場所がない。であるならば、彼らは先住の縄文人の生活の場を邪魔せず、隙間をみつけて、この日本のどこかに、定住、安住の地を探し出す他はない。

このような「海」という条件と渡来人の「心理」を読み解けば、北部九州の弥生時代の開始が、渡来人のコロニー（「渡来人街」と考えると分かりやすい。実際には、農村だが）の形成、周辺の縄文人の稲作民化、その後の融合という過程をたどっていた事実は、むしろ自然である。

弥生時代は戦争の時代でもあるが、本格的な戦闘は、稲作が定着した直後から始まっている。それは、渡来人の侵掠戦争ではなく、縄文と弥生が融合したあとの、新たな農地と水脈を獲得するための争乱であったことは明らかである。

したがって、「海」「水」に囲まれた日本列島のなかで、渡来人と縄文人が融合し、海の外の新たな文化を受け入れつつも、縄文的な信仰と文化が残ったことも、当然のことではあるまいか。

なお、今回の加筆にあたり、牧野出版代表取締役の佐久間憲一氏、編集長の小田部信英氏、新たに編集チームに加わられた南口雄一氏、歴史作家の梅澤恵美子氏に御世話になりました。あらためてお礼申し上げます。

合掌

参考文献

『古事記祝詞』日本古典文学大系（岩波書店）
『日本書紀』〃（〃）
『風土記』〃（〃）
『萬葉集』〃（〃）
『続日本紀』新日本古典文学大系（〃）
『魏志倭人伝』石原道博編訳（〃）
『旧唐書倭国日本伝』〃（〃）
『三国史記倭人伝』佐伯有清編訳（〃）
『先代舊事本紀』大野七三（新人物往来社）
『「悲」の巫女額田王の謎』梅澤恵美子（学研）
『日本の歴史　日本史誕生』佐々木高明（集英社）
『縄文人は飲んべえだった』岩田一平（朝日文庫）

『日本誕生記』安本美典（ＰＨＰ研究所）
『考古学　その見方と解釈』森浩一編（筑摩書房）
『弥生文化の成立』金関恕（角川選書）
『日本文化の基層を探る』佐々木高明（日本放送出版協会）
『縄文時代』小山修三（中公新書）
『東国と大和王権』原島礼二・金井塚良一編（吉川弘文館）
『エミシ研究』田中勝也（新泉社）
『古代の日本　七・中部』小林達雄・原秀三郎編（角川書店）
『古代朝鮮』井上秀雄（ＮＨＫブックス）
『邪馬台国への道』安本美典（徳間書店）
『邪馬臺国の常識』松本清張編（毎日新聞社）
『前方後円墳と弥生墳丘墓』近藤義郎（青木書店）
『神々の体系』上山春平（中公新書）
『日本古代正史』原田常治（同志社）
『考古学と古代日本』森浩一（中央公論社）

『大嘗祭』吉野裕子（弘文堂）
『銅鐸』藤森栄一（学生社）
『銅鐸』森浩一・石野博信（学生社）
『真実の古代出雲王国』武光誠（ＰＨＰ研究所）
『邪馬台国の時代』黒岩重吾・大和岩雄（大和書房）
『白鳥伝説』谷川健一（集英社文庫）
『弥生から古墳へ』大阪府立弥生文化博物館編（同朋舎出版）
『鬼と天皇』大和岩雄（白水社）
『三輪流神道の研究』大神神社史料編修委員会編（大神神社社務所）
『「日本書紀」の暗号』林青梧（講談社）
『実在した幻の三角形』大谷幸市（大和書房）
『奴奈川姫』土田孝雄（奴奈川文化研究会）
『日本人の起源』中橋孝博（講談社選書メチエ）

この作品は、一九九八年六月に学習研究社より刊行された『完全制覇古代大和朝廷の謎』を底本に大幅に加筆修正を行なった再編集版です。

●著者略歴

関裕二　せき・ゆうじ

1959年千葉県柏市生まれ。歴史作家。若年より仏教美術に魅せられ、足繁く奈良に通い、古代史研究を深める。大胆な推理と鋭い洞察に満ちた書籍を数多く発表している。

●著書

『古代史謎解き紀行Ⅰ ヤマト編』
『古代史謎解き紀行Ⅱ 出雲編』
『古代史謎解き紀行Ⅲ 九州邪馬台国編』
『古代史謎解き紀行Ⅳ 瀬戸内編』
『古代史謎解き紀行Ⅴ 関東・東京編』(以上、ポプラ社)
『「女帝」誕生の謎』(講談社)
『神社仏閣に隠された古代史の謎』(徳間書店)
『古事記　逆説の暗号』(東京書籍)
『＜図解＞「古代史」』(PHP研究所) など多数

ヤマトは荒人神《あらひとがみ》の国だった　完全制覇古代大和朝廷の謎
関裕二＜古代史の謎＞コレクション④

2008年10月14日　第1刷発行

著者●関裕二
発行者●坂井宏先
編集●株式会社牧野出版

発行所●株式会社ポプラ社　〒160-8565　東京都新宿区大京町22-1
電話●03-3357-2212(営業)
03-3357-2305(編集)
0120-666-553(お客様相談室)
ファックス●03-3359-2359(ご注文)
振替●00140-3-149271

一般書編集局ホームページ● http://www.poplarbeech.com
印刷●図書印刷株式会社
製本●株式会社若林製本工場

N.D.C.210/216p/19cm
ISBN978-4-591-10562-7

●落丁・乱丁本は送料小社負担でお取り替えいたします。
ご面倒でも小社お客様相談室宛にご連絡ください。
受付時間は月～金曜日、9:00～17:00です。(祝祭日は除きます)
●読者の皆様からのお便りをお待ちしています。
いただいたお便りは編集局から著者にお渡しいたします。